I0166670

APTS

SCIENCES

LETTRES

BIBLIOTHÈQUE NATIONALE

COMTE J. DE MAISTRE

LES SOIRÉES
DE
SAINT-PÉTERSBOURG

Précédées d'une Notice

Par E. de POMPERY

PARIS
Librairie de la BIBLIOTHÈQUE NATIONALE
L. PFLUGER, Éditeur
Passage Montesquieu, 5, rue Montesquieu
PRÈS LE PALAIS-ROYAL

e Volume broché, 25 c. Franco partout, 35 c.
CHEZ TOUS LES LIBRAIRES
Et dans les Gares de Chemins de Fer

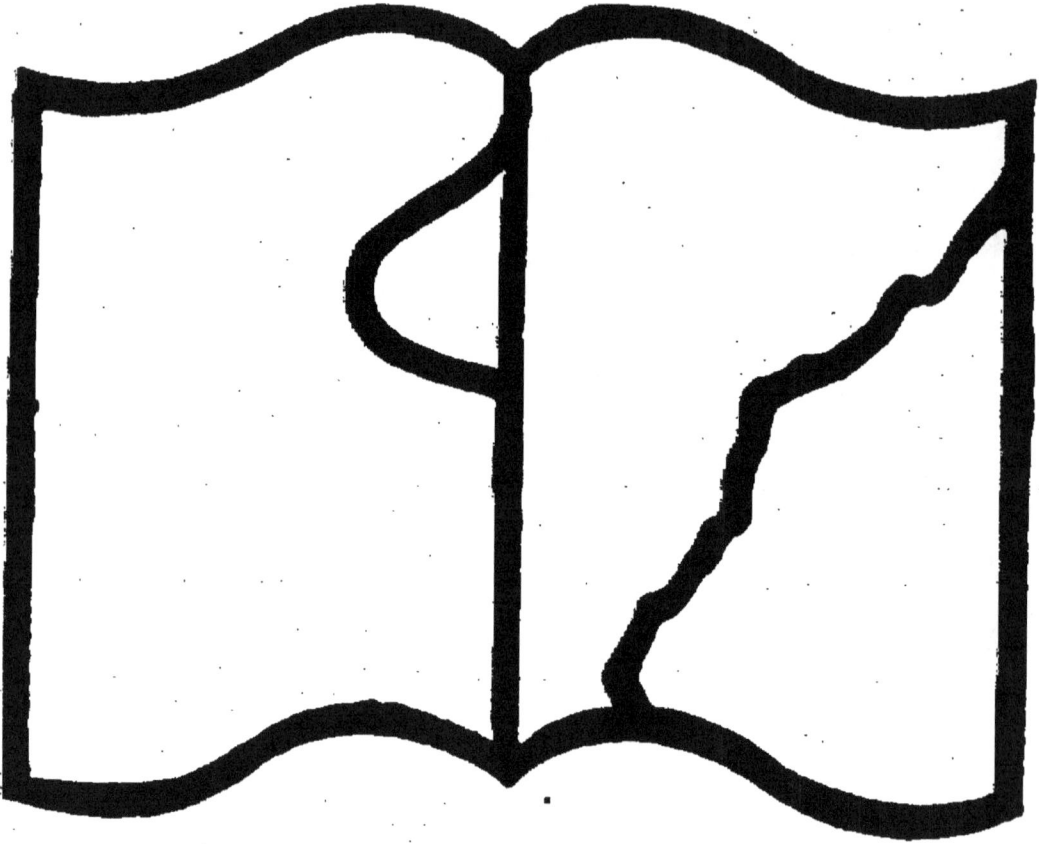

Texte détérioré — reliure défectueuse
NF Z 43-120-11

Bibliothèque Nationale. — Volumes à 25 c.
CATALOGUE AU 1er JANVIER 1895

LES SOIRÉES

DE

SAINT-PÉTERSBOURG

LES SOIRÉES

DE

SAINT-PÉTERSBOURG

BIBLIOTHÈQUE NATIONALE

COLLECTION DES MEILLEURS AUTEURS ANCIENS ET MODERNES

COMTE J. DE MAISTRE

LES SOIRÉES

DE

SAINT-PÉTERSBOURG

précédées

D'UNE ÉTUDE ET D'UNE NOTICE

Par E. de POMPERY

PARIS

LIBRAIRIE DE LA BIBLIOTHÈQUE NATIONALE

PASSAGE MONTESQUIEU (RUE MONTESQUIEU)

(Près le Palais-Royal)

—

1895

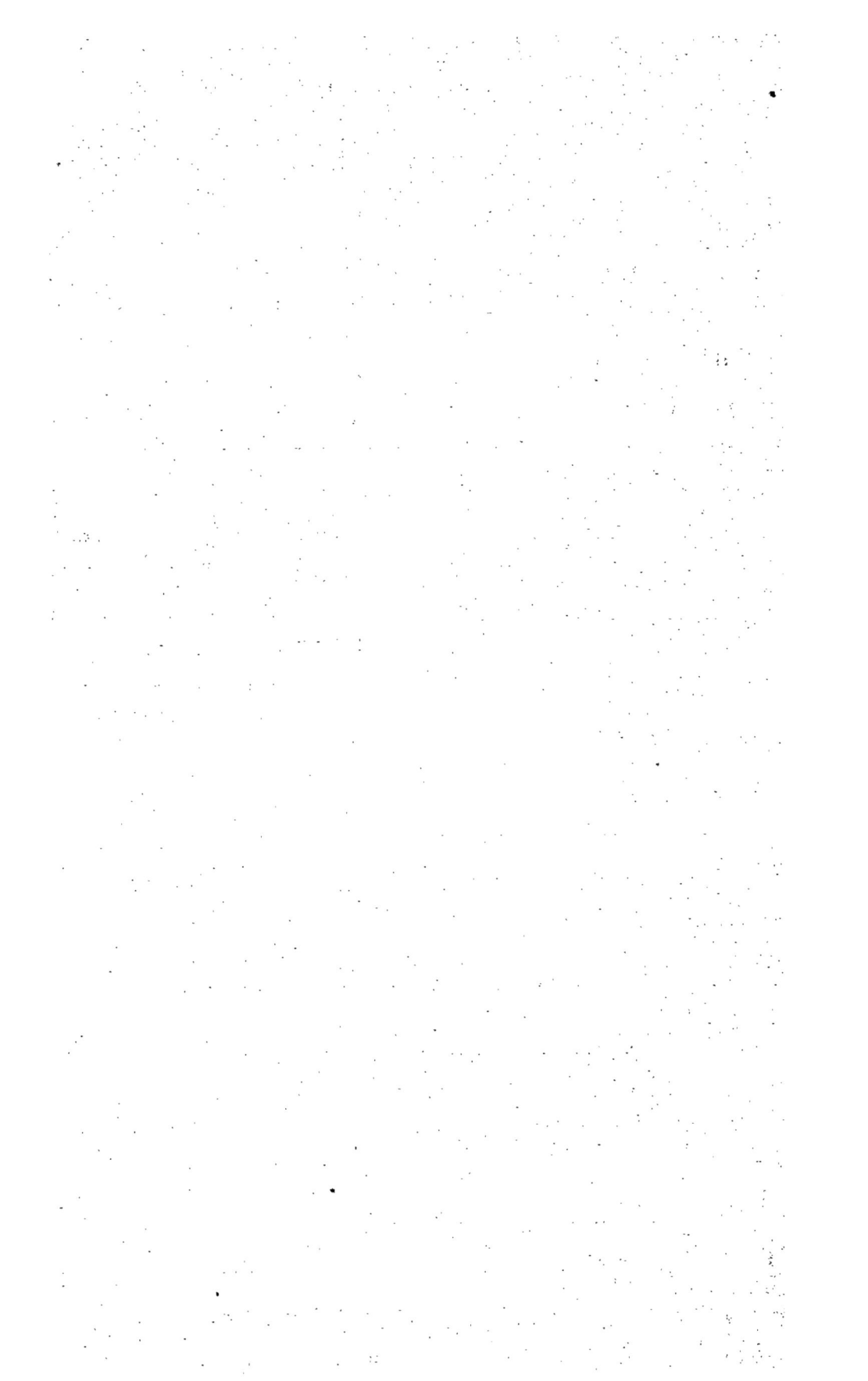

ÉTUDE ET NOTICE

COMTE JOSEPH DE MAISTRE

———

Parmi tous ceux qui se sont occupés du dogme fondamental de *la chute*, je ne crois pas qu'il existe dans l'Eglise deux figures plus intéressantes, deux docteurs plus illustres que saint Augustin et M. de Maistre. Tous deux sont remarquables par le génie et par le cœur, aussi bien que par la vigueur de l'impitoyable logique, qui les a entraînés jusqu'au bout de leur terrifiante doctrine.

Comment cela se peut-il concevoir et comment l'expliquer ?

C'est précisément parce que ces hommes étaient plus intelligents, plus éclairés, qu'ils voyaient mieux et plus que d'autres les misères affreuses, les maux de tout genre et les souffrances de toute nature qui accablent la malheureuse humanité ; c'est précisément parce qu'ils en ont souffert au plus profond de leur âme, que, ne sachant comment justifier Dieu et sa providence, ils ont embrassé ce dogme terrible, avec une sorte de frénésie enthousiaste.

A ce mal effroyable qui couvre la terre, ils n'ont vu qu'une explication possible. Il faut que l'homme ait fait une chute lamentable, causée par le péché du premier homme, ainsi que le racontent plusieurs vieilles légendes. Augustin et de Maistre sont partis de ce point et sont demeurés cruellement fidèles à leur doctrine jusqu'à la mort.

Je ne puis m'occuper ici de saint Augustin. Il faut voir dans *Ses Confessions* la manière naïve et charmante dont il raconte son enfance pervertie et corrompue par le péché originel. Il en reconnaît les effets chez l'enfant, même sur les bras de sa nourrice, dont il demande le sein avec avidité, avec dépit, avec larmes, avec colère. Il faut l'entendre dire comment les jeux de son enfance sont pleins d'une malice satanique. Il y a particulièrement l'histoire d'un vol de poires, accompli en compagnie de ses petits camarades, qu'il déplore à plus d'une reprise.

La preuve que l'action était purement malicieuse, c'est que les poires étaient mauvaises, et que les petits garnements s'amusèrent à les jeter. Tout se réduisait donc en plaisir de nuire, de faire le mal pour le mal. C'est la conclusion d'Augustin.

Mais je suis contraint de laisser l'aimable docteur appelé le docteur de la grâce et le fondateur le plus important du dogme de la chute et de l'expiation.

Je ne dois m'occuper que de son successeur le plus considérable et le plus moderne, le comte Joseph de Maistre.

Voici d'abord une esquisse de sa vie. Sa famille, originaire du Languedoc, s'était établie en Savoie. Son père était devenu président du Sénat.

Sa mère était fille du sénateur de Motz, gentilhomme du Bugey, qui, n'ayant eu que des filles, s'attacha à son premier petit-fils Joseph. Dès l'âge de cinq ans, il eut un instituteur, qui le conduisait deux fois par jour dans le cabinet de son grand-père maternel.

Né à Chambéry le 1er avril 1754, le

jeune de Maistre fut en partie élevé sur les genoux de sa mère, femme distinguée et très pieuse. Il fréquentait aussi le collège tenu par les Jésuites de Chambéry.

Il importe d'insister ici sur le double caractère de cette éducation domestique et religieuse. Elle eut sur l'enfant une influence capitale et profonde.

M. de Maistre conserva toujours pour sa mère une sorte de culte. Ma mère, disait-il, était un ange à qui Dieu avait prêté un corps ; mon bonheur était de deviner ce qu'elle désirait de moi, et j'étais dans ses mains autant que la plus jeune de mes sœurs.

En février 1805, il écrivait de Saint-Pétersbourg à l'un de ses frères, il avait alors 51 ans, « à six cents lieues de distance, les idées de famille, les souvenirs d'enfance me ravissent de tristesse. Je vois ma mère qui se promène dans ma chambre avec sa figure sainte, et en t'écrivant ceci, je pleure comme un enfant. »

Telle fut l'influence de cette éducation pure, étroite et forte, sur l'âme de l'enfant et du jeune homme.

Cette influence fut tellement puissante,

qu'elle faussa à jamais une belle intelligence. L'esprit était vigoureux, et comme il était très logique, il est allé dans l'absurde jusqu'au bout, jusqu'au fond, jusqu'au cou et par dessus la tête.

Je trouve encore dans une notice publiée par le fils du comte de Maistre, une confirmation intéressante de ce que je viens d'exposer :

« Le trait principal de l'enfance du
» comte de Maistre fut une soumission
» amoureuse pour ses parents. Présents
» ou absents, leur moindre désir était
» pour lui une loi imprescriptible.Lorsque
» l'heure de l'étude marquait la fin de la
» récréation, son père paraissait sur le
» pas de la porte du jardin sans dire un
» mot, et il se plaisait à voir tomber les
» jouets des mains de son fils, sans que
» celui-ci se permit de lancer une der-
» nière fois la boule ou le volant.Pendant
» tout le temps que le jeune Joseph passa
» à Turin pour suivre les cours de l'Uni-
» versité, il ne se permit jamais la lecture
» d'un livre, sans en avoir écrit à son père
» ou à sa mère pour en obtenir l'autori-
» sation. »

Je ne veux point omettre un trait carac-

téristique de l'enfance de M. de Maistre.
En 1764, les Jésuites avaient été chassés
de France. Cet événement faisait grand
bruit partout et naturellement autour de
l'enfant. Pendant la récréation, tout en
sautant, l'enfant criait avec l'insouciance
et l'innocence de son âge (10 ans) : *On a
chassé les Jésuites !* Sa mère l'entendit et
l'arrêta : « Ne parlez pas ainsi, lui dit-elle,
vous comprendrez un jour que c'est le
plus grand des malheurs pour la religion. » Cette parole et le ton dont elle fut
prononcée lui restèrent toujours présents.

Très laborieux et très instruit, le jeune
de Maistre possédait six langues, parmi
lesquelles l'allemand et le grec à fond,
lisant Pindare à livre ouvert. Ayant pris
tous ses grades à l'université de Turin, il
entra à l'âge de 20 ans (1774) dans le mi-
nistère public du Sénat de Savoie ; en
1788, il fut promu sénateur. Dans cette
charge de judicature, il était obligé de
prononcer des sentences de mort. Cela
blessait sa sensibilité et son humanité
C'est pourquoi, à la restauration de la mai--
son de Savoie, il ne voulut plus continuer
cette carrière. Il y a là une preuve bonne

à mentionner et qui témoigne en faveur des sentiments de l'auteur du *Pape*. Marié à 32 ans à Mlle de Morand (1786), M. de Maistre fut bientôt père de famille. C'est dans cette situation que la Révolution française s'abattit sur cette famille et sur la Savoie.

En 1792, la Savoie ayant été annexée à la France, M. de Maistre, resté fidèle à son roi fugitif, et d'ailleurs repoussant la Révolution et ses principes, se réfugia à Lausanne, où il passa trois années. Il y vit souvent Mme de Staël, protestante, philosophe, très éclairée et fort éloquente Naturellement, entre deux esprits de cette force, si bien préparés et si loin l'un de l'autre, la discussion ne chômait pas, d'autant que les péripéties des événements considérables dont ils étaient les témoins y donnaient chaque jour des aliments nouveaux. Toutefois, et c'est là un témoignage en faveur des sentiments de M. de Maistre, qui ne doit pas être négligé, M. de Maistre, parlant plus tard de son adversaire, disait dans une lettre :

« Je ne connais pas de tête aussi com-
» plètement pervertie, c'est l'opération
» infaillible de la philosophie moderne

» sur toute femme quelconque, mais le
» cœur n'est pas mauvais du tout. Quant
» à l'esprit, elle en a prodigieusement,
» surtout lorsqu'elle ne cherche pas à en
» avoir. N'ayant étudié ensemble ni en
» théologie, ni en politique, nous avons
» donné en Suisse des scènes à mourir de
» rire, cependant sans nous brouiller
» jamais. »

De la part de M. de Maistre, dont l'opinion était absolument contraire à la liberté
d'esprit de Mme de Staël, un tel jugement
est digne de remarque, car il prouve que
le théosophe catholique avait conservé,
malgré ses doctrines, un fonds de bien-
veillance et de sociabilité véritables.

Oui, les soirées de Coppet auraient fait
un bien curieux pendant aux *Soirées de
Saint-Pétersbourg*. Il est fâcheux que de
Maistre, avec sa mémoire prodigieuse, ne
nous les ait pas conservées. Mais je crois
que le philosophe a senti que ses doctrines absolues et impitoyables en auraient reçu une atteinte, bonne à écarter.

En effet, avec un système d'idées aussi
entier et dont il était pénétré jusqu'aux
moelles, M. de Maistre ne pouvait guère
accepter de discussions. Il lui fallait

une pleine liberté d'allures, comme il la prend dans les *Soirées de Saint-Pétersbourg*, avec des interlocuteurs supposés et bénévoles. La chute et l'expiation, le droit divin des rois, la résignation complète et religieuse des peuples, toutes ces idées ne supportent pas l'examen. Il faut les croire, autrement elles répugnent au cœur et à la raison. Donc M. de Maistre, en supportant les contradictions éloquentes et sincères de Mme de Staël, nous a donné là une grande preuve de sa bonté naturelle.

C'est pendant son séjour à Lausanne que M. de Maistre publia, 1796, *Ses Considérations sur la France*. Ce premier écrit anonyme eut un grand retentissement. L'auteur y déclarait que la Terreur était un juste châtiment infligé à la royauté, au clergé, à l'aristocratie, coupables d'avoir laissé propager les théories philosophiques du dix-huitième siècle. Il indiquait les conséquences fatales du régime nouveau et prédisait une restauration prochaine.

Rappelé à Turin en 1797, il y reprit ses fonctions publiques, mais l'année suivante, le roi ayant été chassé, M. de Maistre dut se réfugier à Venise, où il vécut un an dans une situation pénible. En 1799 il put se rendre en Sardaigne près du roi, où il fut fait régent de la grande chancellerie du royaume. Trois ans après, 1802, il fut envoyé en Russie comme ministre plénipotentiaire. Il y passa quatorze ans, éloigné de sa famille, toujours occupé, toujours estimé et considéré, quoique obligé de mener la vie la plus modeste.

C'est à Saint-Pétersbourg que de Maistre écrivit le *Pape* et les *Soirées*. Il quitta la Russie en 1817, passa un mois et demi à Paris et revint à Turin dans ses foyers et près de son souverain, qui le combla d'égards et d'honneurs. Mais une grande tristesse avait envahi son âme. Il voyait les idées nouvelles prendre de plus en plus pied en Europe; la liberté s'étendre et l'autorité s'affaiblir. Il sentait que l'ancien régime était mortellement atteint et tendait de jour en jour à disparaître. Il disait parfois : Je mourrai avec lui.

Voici à ce sujet un passage d'une lettre à Ballanche, bien caractéristique de l'état de son esprit :

« L'esprit révolutionnaire, en pénétrant un esprit très bien fait et un cœur excellent, a produit un ouvrage hybride, qui ne saurait contenter en général les hommes décidés d'un parti ou d'un autre.

» C'est une chose excessivement curieuse que l'illusion que vous a faite cet esprit, que je nommais tout à l'heure, au point de vous faire prendre l'agonie pour une phase de la santé, car c'est ce que signifie au fond votre émancipation de la pensée. Si vous trouvez quelque chose de malsonnant dans l'expression d'*esprit révolutionnaire*, vous seriez dans une grande erreur, car nous en tenons tous. Il a y du plus, il y a du moins, sans doute, mais il y a bien peu d'esprits que son influence n'ait pas atteints d'une manière ou d'une autre, et moi-même qui vous prêche, je me suis souvent demandé si je n'en tenais pas. Si je vis encore cinq ou six ans, je ne doute pas d'avoir le plaisir de rire avec vous de l'*émancipation de la pensée*. »

Quoique attristé et découragé, de Maistre mourut, comme on vient de le voir, dans l'impénitence finale, au mois de février 1824.

Il a composé beaucoup d'écrits politiques et philosophiques. Ses ouvrages les plus importants sont les *Soirées de Saint-Pétersbourg* et le *Pape*. Le lecteur en trouvera des extraits à la suite de cette introduction. Il connaîtra ainsi la manière de l'écrivain, et pourra apprécier son talent et la vigueur de sa logique.

Avant d'aller plus loin, nous allons résumer la doctrine de de Maistre, en lui empruntant un certain nombre de phrases détachées. Cela fait bloc, et l'esprit s'arrête terrifié en présence d'une pareille explication du mal, et de la raison d'être de notre misérable existence.

« Les fléaux, les malheurs, les souf-
» frances, les tortures sont la punition de
» la méchanceté de l'homme, corrompu par
» le péché. Le bourreau est la pierre angulaire de la société, l'exécuteur de
» l'expiation divine, celui qui nous renvoie à notre juge naturel. Sa mission
» est sacrée.

» Le ciel ne peut être apaisé que par le
» sang. L'innocent peut payer pour le coupable. Les anciens croyaient que les
» dieux accouraient partout où le sang
» coulait sur les autels; les premiers docteurs chrétiens crurent que les anges

» accouraient partout où coulait le sang
» de la véritable victime. L'effusion du
» sang est expiatrice. Ces vérités sont
» innées. *La croix atteste le salut par le*
» *sang.*

» La guerre est divine. Elle doit régner
» éternellement pour purger le monde.
» La terre, continuellement imbibée de
» sang, n'est qu'un autel immense, où
» tout ce qui est doit être immolé jusqu'à
» l'extinction du mal. »

Et maintenant, pour remettre l'esprit
du lecteur de cette secousse formidable
et violente, et avant de le placer tout à
fait face à face avec l'auteur, et, d'autre
part, pour le préparer à rendre justice au
théosophe, qu'on serait tenté parfois de
prendre pour un fou, ou tout au moins
pour un furieux, exaspéré de ce qu'il a
vu, exaspéré contre la Révolution, exaspéré des maux qui couvrent la terre,
exaspéré des maux qui accablent les faibles mortels, nous éprouvons le besoin de
donner de nouvelles preuves de la bonté
de cœur de l'homme qui a pu proférer de
telles énormités, s'y complaire et y per-
sister jusqu'à la fin de sa vie.

M. de Maistre a été la victime de son

éducation, de l'exemple de son entourage
très respectable, victime encore de l'effet
produit sur lui et autour de lui par l'orage
révolutionnaire, victime enfin de la théologie et de la métaphysique, qui l'inci-
taient à se poser des questions insolubles
et auxquelles nul ne peut répondre. Cette
dernière remarque est capitale.

Pourquoi y a-t-il du mal dans le monde?

On pourrait répondre en faisant ces
autres questions : Pourquoi y a-t-il quelque chose ? Pourquoi la vie ? Pourquoi
l'univers ?

Personne ne peut répondre à ces questions. Force nous est de nous borner à
reconnaître qu'il y a quelque chose, que
l'univers existe et qu'il y a du mal dans
le monde. Nous ne savons rien de plus.

Ceux qui disent « tout est bien » ne sont
pas moins dans l'erreur que ceux qui
disent « tout est mal ou corrompu par le
péché. »

La vérité et la sagesse consistent à dire :
tout est tel qu'il est, et nous ne savons
pas pourquoi. Il faut se contenter de cons-
tater la réalité des choses, en reconnais-
sant que le fond des choses est inacces-
sible aux faibles mortels.

Nous constatons cependant l'évolution progressive de l'espèce humaine. Nous voyons parfaitement qu'il y a une grande différence entre les sociétés réalisées par des Noirs, les Rouges, les Jaunes et les Blancs. Il n'est pas douteux non plus que des sociétés à esclaves de l'antiquité et les sociétés du moyen-âge, où l'homme était attaché à la glèbe, sont des sociétés moins favorables à l'homme que nos civilisations modernes, contre lesquelles il y a néanmoins tant à dire.

Il semble donc qu'à mesure que l'homme s'éclaire, qu'il augmente le trésor de ses connaissances et que l'industrie devient puissante, le sort de l'humanité nous apparaît moins cruel. La science, les arts et l'industrie font de l'homme un être nouveau. Les belles légendes de Prométhée et d'Hercule, ces héros de l'intelligence et de la force, sont bien dépassées aujourd'hui. Il y a loin des ailes d'Icare aux ballons captifs et à peu près dirigeables.

Tout cela est bien quelque chose, prouve que le progrès n'est pas un mot vide de sens, et qu'on peut sans témérité se flatter qu'il y a moins de mal sur la terre que lorsqu'elle ne portait que des sauvages.

En présence de ce fait capital, inéluctable, l'ÉVOLUTION PROGRESSIVE DE L'HUMANITÉ, les lois et les religions ne paraissent plus que des faits secondaires.

Nous n'irons pas plus loin, et nous ne nous permettrons pas d'en dire davantage pour ne pas donner prétexte à l'accusation d'utopie.

Et maintenant, montrons encore une fois et avec plus de détails que l'homme des doctrines anciennes, comme l'appelait Ballanche, cet homme de sang, comme on serait tenté de le nommer, était bon, sensible, avait de véritables qualités sociables, tout à fait en dehors de sa terrible doctrine. Oui, de Maistre a été un père tendre comme il était un fils pieux; il a été sensible à l'amitié, aux misères et aux souffrances, il a ressenti de la joie à les soulager, lui, le chantre du bourreau et de l'expiation éternelle. Cela n'est pas très conséquent, si l'on veut, mais c'est très humain. Et il est juste de faire la part du théosophe à l'épée flamboyante, à cette sorte de saint Michel archange, et du bonhomme bienveillant, aimant et aimable. C'est à quoi nous allons procéder.

Voici d'abord le père :

« Je lis, j'écris, je tâche de m'étourdir, de me fatiguer... je me jette sur mon lit, où le sommeil que j'invoque n'est pas toujours complaisant. Je me tourne, je m'agite... Alors des idées poignantes de famille me transportent. Je crois entendre pleurer à Turin. Je fais mille efforts pour me représenter la figure de cette enfant de douze ans que je ne connais pas, je vois cette fille orpheline d'un père vivant. Je me demande si je dois un jour la connaître. Mille noirs fantômes s'agitent dans mes rideaux d'indienne. »

Il écrit à cette fille : « L'idée de partir
» de ce monde sans te connaître est un des
» plus épouvantables malheurs qui puis-
» sent se présenter à mon imagination. »

Songeant à sa fille aînée, en âge d'être mariée, douée d'excellentes qualités, mais sans fortune, il s'écriait : « Ah ! si quel-
» que homme romanesque voulait se con-
» tenter du bonheur ! »

Son fils Rodolphe était venu le rejoindre à Pétersbourg et servait dans les chevaliers-gardes.

A ce propos, il disait : » Nul ne sait ce
» que c'est que la guerre, s'il n'y a son
» fils. »

A la veille de la bataille de la Moskowa,
il écrivait : « En ce temps-là, malheur
» aux pères. »

Voici un fragment de lettre à ce même
fils : « Dieu me garde de vous donner de
» lâches conseils. Je n'ai pas sur le cœur
» le poids que j'y sentais lorsque vous
» tiriez sur les Suédois. Aujourd'hui vous
» faites une guerre juste et presque sainte.
» Vous combattez pour tout ce qu'il y a
» de plus sacré parmi les hommes. Allez
» donc, mon cher ami, *et revenez ou em-*
» *menez-moi avec vous.* » C'est à dire,
plaise à Dieu que je meure si vous êtes
tué. Ces paroles sortent de la bouche du
grand pontife de la destruction. La nature
reprend ses droits.

Voici un passage d'une lettre où il y a
beaucoup d'abandon et qui, certes, n'est
pas d'un méchant homme :

« Ici donc ou là, je tâche, avant de ter-
miner ma journée, de retrouver un peu
de cette gaieté native qui m'a conservé
jusqu'à présent. Je souffle sur ce feu
comme une vieille femme souffle pour

allumer sa lampe sur le tison de la veille. Je tâche de faire trêve aux rêves de bras coupés et de têtes cassées, qui me troublent sans relâche; puis je soupe comme un jeune homme, puis je dors comme un enfant, et puis je m'éveille comme un homme, je veux dire de grand matin, et je recommence, tournant toujours dans ce cercle, et mettant constamment le pied à la même place, comme un âne qui tourne la meule d'un battoir. »

Je continue :

« Quand on a passé le milieu de la vie, les pertes sont irréparables... Séparé sans retour de tout ce qui m'est cher, j'apprends la mort de mes vieux amis, un jour les jeunes apprendront la mienne. Dans le vrai, je suis mort en 1798 (en quittant le pays), les funérailles seules sont retardées.

» Il y a deux choses dont le souvenir s'efface difficilement ou ne s'efface pas du tout: *le soleil et les amis.*

» Le *jamais* ne plaît jamais à l'homme; mais il est terrible quand il tombe sur *la patrie, les amis et le printemps !* Les souvenirs dans certaines positions sont épou-

vantables, je ne vois au delà que les remords. »

A propos de sa réfutation de Bacon, de
Maistre dit bonnement : « Nous avons
boxé comme deux forts de *Fleet Street*, et,
s'il m'a arraché quelques cheveux, je pense
bien aussi que sa perruque n'est plus à sa
place. »

On a dit avec raison que de Maistre
avait de la *chaleur* sans *aigreur*, comme
il était plein de bonhomie, malgré ses fé-
rocités de doctrine.

Je cite ce passage d'une lettre mélan-
colique et très philosophique adressée à
une dame de ses amies :

« La jeunesse disparaissant dans sa fleur
a quelque chose de particulièrement terrible : on dirait que c'est une injustice.
Ah ! le vilain monde ! J'ai toujours dit
qu'il ne pourrait aller si nous avions le
sens commun. Si nous venions à réfléchir
bien sérieusement qu'une vie commune
de vingt-cinq ans a été donnée pour être
partagée entre nous, comme il plaît à la
loi inconnue qui mène tout, et que si vous
atteignez vingt-six ans, c'est une preuve
qu'un autre est mort à vingt-quatre ; on

vérité, chacun se coucherait et daignerait à peine s'habiller.

» C'est notre folie qui fait tout aller : l'un se marie, l'autre donne une bataille, un troisième bâtit, sans penser le moins du monde qu'il ne verra pas ses enfants, qu'il n'entendra pas le *te Deum* et qu'il ne logera jamais chez lui. N'importe, tout marche, et c'est assez. »

Je rencontre l'expression d'un sentiment à peu près semblable dans une lettre au chevalier D... :

« Combien l'homme est malheureux ! Examinez bien ! Il n'y a plus de véritables joies pour lui. Dans l'enfance, dans l'adolescence on a devant soi l'avenir et les illusions ; mais, à mon âge, que reste-t-il ? des folies et des crimes. On se demande encore, et que verrai-je ? Même réponse encore plus douloureuse.

» C'est à cette époque surtout que tout espoir nous est défendu. Nés fort mal à propos, trop tôt ou trop tard, nous avons essuyé toutes les horreurs de la tempête, sans pouvoir jouir de ce soleil qui ne se lèvera que sur nos tombes. »

Pendant son séjour à Lausanne, de

Maistre avait beaucoup vu une demoiselle
Hubert, cousine de M. Necker. Cette
dame était génevoise et protestante. Malgré la différence des religions, le caractère de Mlle Hubert avait été fort appré-
cié par l'auteur des *Soirées de Saint-Pétersbourg*. Cette liaison était devenue une
amitié véritable, on en trouve la preuve
dans la lettre suivante qui lui est adressée :

« Jamais je ne me vois en grande pa-
rure, au milieu de toutes les pompes
asiatiques, sans songer à mes bas gris de
Lausanne, et à cette lanterne avec laquelle
j'allais vous voir à *Cour*. Délicieux salon
de *Cour !* C'est là ce qui me manque ici !
Après que j'ai bien fatigué mes chevaux
le long de ces belles rues, si je pouvais
trouver l'*Amitié* en pantoufles et raisonner
pantoufle avec elle, il ne me manquerait
rien. Quand vous avez la bonté de dire
avec le digne ami : *Quels souvenirs ! et
quels regrets !* prêtez l'oreille et vous en-
tendrez l'écho de la Néva qui répète :
Quels souvenirs ! et quels regrets ! »

En apprenant la mort de Mlle Hubert,
de Maistre écrit :

« Vous ne sauriez croire à quel point

cette pauvre femme m'est présente ; je la vois sans cesse avec sa grande figure droite, son léger apprêt génevois, sa raison calme, sa finesse naturelle et son grave badinage. Elle était ardente amie, quoique froide sur tout le reste. Je ne passerai pas de meilleures soirées que celles que j'ai passées chez elle, les pieds sur les chenets, le coude sur la table, pensant tout haut, excitant sa pensée et rasant mille sujets à tire d'aile..... Elle est partie et jamais je ne la remplacerai. »

Assurément, il y a là de la bonhomie, de l'affection vraie, ou l'on n'en trouvera nulle part.

Je finis sur ce point et je passe à un autre aspect du théosophe.

Il fait quelque part cette remarque :

« Je ne sais pas agir ; je passe mon temps à contempler. Dieu me fit pour penser et non pour vouloir. »

Je vois là une indication précieuse sur le caractère de de Maistre. Il y avait en lui du rêveur ; la réalité le blessait, et il se sentait impropre à mettre utilement *la main à la pâte* dans les choses humaines.

C'est là encore une cause de son saut de Leucade dans l'infini, avec une doctrine abominable mais de tout repos.

M. de Maistre était très entier et très convaincu. Il allait jusqu'au bout de sa doctrine sans aucun ménagement. Dans un de ses entretiens avec Mme de Staël, qui lui représentait que, parmi les sectes protestantes, l'anglicanisme avait conservé la hiérarchie et le principe d'autorité auquel il tenait tant, il lui répondit : « Eh bien ! oui, Madame, je conviendrai que, parmi toutes les Églises protestantes, l'Église anglicane est ce que l'orang-outang est parmi les singes. »

Le singe, caricature de l'homme, de même que les Églises protestantes sont la caricature de l'Église catholique.

Dans un autre passage, de Maistre accentue fortement cette situation entre Rome et ses dissidents :

« Nous seuls croyons à *la parole*, tandis que nos chers ennemis (les protestants) ne croient qu'à *l'écriture*. Si *la parole* éternellement vivante ne vivifie pas *l'écriture*, jamais celle-ci ne deviendra *parole*, c'est-à-dire *vie*. Que d'autres donc invoquent tant qu'il leur plaira *la parole muette*, nous rirons un peu de ce faux dieu, attendant toujours avec une tendre impatience qu'ils viennent se jeter dans nos bras. »

Dans ses commencements, de Maistre n'a pas été aussi entier, aussi absolu qu'il le devint en prenant de l'âge. En 1775, alors âgé de 21 ans, il composa un opuscule, une sorte d'éloge du roi de Sardaigne, son souverain. On y trouve le passage suivant, à propos des pays où l'accusation d'irréligion se renouvelle sans cesse :

« Que dis-je, n'a-t-on pas poussé l'extravagance et la cruauté jusqu'à allumer des bûchers, jusqu'à faire couler le sang au nom du Dieu très bon ? Sacrifices mille fois plus horribles que ceux que nos ancêtres offraient à l'affreux Teutatès, car cette idole insensible n'avait jamais dit aux hommes : « Vous ne tuerez point, vous êtes tous frères. Je vous haïrai si vous ne vous aimez pas. »

On ne reconnaît pas ici le futur écrivain des *Lettres sur l'inquisition espagnole*, et du chantre du bourreau et de la guerre, qualifiée de divine.

Et voici comment, dans le même opuscule, le futur grand homme d'autorité parle de la guerre d'Amérique :

« La liberté, insultée en Europe, a pris son vol vers un autre hémisphère. Elle plane sur les glaces du Canada. Elle arme le pacifique Pensylvanien au milieu de Philadelphie ; elle crie aux Anglais : pourquoi m'avez-vous outragée, vous qui vous vantez de n'être grands que par moi ? »

Je le répète, M. de Maistre a beaucoup de la générosité et des illusions de la jeunesse.

Dans ce même opuscule, le jeune panégyriste de ses princes s'écrie à propos de la France : « Confondez les intérêts des deux États, et que les Français s'accoutument à se croire nos concitoyens. Toujours ce peuple aimable aura de nouveaux droits sur nos cœurs ; chez lui, les grâces s'allient à la grandeur ; la raison n'est jamais triste, la valeur n'est pas féroce, et les roses d'Anacréon se mêlent aux panaches de Duguesclin. »

La Révolution française éclate, de Maistre a 35 ans, et son langage va changer. Il n'est plus le jeune homme aux

aspirations libérales, aux opinions tolé-
rantes. L'homme d'autorité et le futur
auteur des *Soirées de Saint-Pétersbourg*
commence à se manifester.

« Mais c'est précisément parce que la
Révolution dans ses bases est le comble
de l'absurdité et de la corruption morale,
qu'elle est éminemment dangereuse pour
les peuples. La santé n'est pas conta-
gieuse, c'est la maladie qui l'est trop souvent. Cette Révolution, bien définie, n'est
qu'une expansion de l'orgueil immoral,
débarrassé de tous ses liens; de là cet
épouvantable prosélytisme qui agite l'Europe entière. L'orgueil est immense de sa
nature, il détruit tout ce qui n'est pas
assez fort pour le comprimer; de là encore
les succès de ce prosélytisme. Quelle
digue opposer à une doctrine qui s'adresse
d'abord aux passions les plus chères du
cœur humain, et qui, avant les dures
leçons de l'expérience, n'avait contre elle
que les sages ? La souveraineté du peuple,
la liberté, l'égalité, le renversement de
toute subordination, le droit à toute sorte
d'autorité; quelles douces illusions ! La
foule comprend ces dogmes, donc ils sont
faux; elle les aime, donc ils sont mau-

vais. N'importe, elle les comprena, elle les aime. Souverains, tremblez sur vos trônes ! »

De Maistre a poussé son cri d'alarme. Il s'est engagé à fond contre les principes de 89. Il ne voit plus dans cette explosion d'un peuple opprimé, explosion qui a couvé cinq cents ans, oppression que les longs règnes de Louis XIV et de Louis XV avaient rendue plus douloureuse, il ne voit plus qu'une révolte insensée contre Dieu et le droit divin des rois.

Cette vue du philosophe est aussi fausse et aussi mesquine que celle de Bossuet, dans son *Histoire universelle*, lorsqu'il fait pivoter tout le mouvement de l'humanité sur le petit peuple hébreu. Assurément, tout cela est d'une puérilité ridicule, et ces vues sont contraires à toutes les évidences. On ne peut concevoir les aberrations de ces hommes de génie, qu'en se souvenant dans quel milieu et dans quelles conditions ils ont écrit.

De Maistre a dit de lui-même qu'il était plus fait pour penser et contempler que pour agir et vouloir. Rien n'est plus vrai. Souvent, la réalité le trompe, et il a une si mauvaise opinion des hommes, qu'il ne les croit pas capables de faire quelque chose avec suite. Il a toujours peur de les voir tourner de travers et se jeter dans quelque piège, ou céder à quelque tentation mauvaise. C'est pourquoi il a écrit :

« Me tournant du côté des peuples, je
» leur dirai : supportez les abus, les abus
» valent mieux qu'une révolution ; et me
» tournant du côté des rois : prenez garde
» que les abus enfantent les révolutions.»

C'est encore dans ce sens qu'il disait :

« Un prince est ce que le fait la nature.
» Le meilleur est celui qu'on a. »

Une preuve assez plaisante de l'esprit peu pratique de de Maistre, combiné avec sa manie de prédire, manie provenant de l'intransigeance de ses doctrines et parfois de la vigueur pénétrante de son esprit, se rencontre dans quelques-unes de ses prédictions.

A propos de Washington, dont on avait décidé la fondation et l'emplacement pour en faire le siège du Congrès, il écrit :

« On a choisi l'emplacement le plus
» avantageux sur le bord d'un grand
» fleuve, on a arrêté que la ville s'appel-
» lerait Washington ; la place de tous les
» édifices publics est marquée, et le plan

» de la cité reine circule dans toute l'Eu
» rope. Essentiellement, il n'y a rien là
» qui dépasse les bornes du pouvoir hu-
» main : on peut bien bâtir une ville.
» Néanmoins, il y a rop de délibérations,
» *trop d'humanité* dans cette affaire, et
» l'on pourrait gager mille contre un que
» la ville ne se bâtira pas, ou qu'elle ne
» s'appellera pas Washington, ou que le
» Congrès ne s'y réunira pas. »

Encore une autre prédiction aussi plaisante :

« J'ai entretenu des hommes qui avaient
» vécu longtemps en Grèce et qui en
» avaient particulièrement étudié les ha-
» bitants. Je les ai tous trouvés d'accord
» sur ce point, c'est que jamais il ne sera
» possible d'établir une souveraineté
» grecque..... Je ne demande qu'à me
» tromper, mais aucun œil humain ne
» saurait apercevoir la fin du servage de
» la Grèce, et s'il venait à cesser, qui
» sait ce qui en arriverait ? »

Nous voyons qu'il en est résulté le
royaume de Grèce.

Mais la plus originale des prédictions où
s'est complu de Maistre, se trouve dansses

Considérations sur la France en 1796. Il s'agit de la restauration du roi, qui doit fatalement survenir après tous les désordres de la Révolution. Ecoutons le prophète :

« Pour rétablir l'ordre, le roi convo
» quera toutes les vertus ; il le voudra
» sans doute, mais par la nature même
» des choses, il y sera forcé. ... Les
» hommes estimables viendront d'eux-
» mêmes se placer aux postes où ils
» pourront être utiles. »

Quand on se rappelle ce qu'a été la Chambre de 1815, qualifiée *d'introuvable*, et remarquable nón par ses vertus mais par ses violences et ses folies, on a le droit de rire un peu de la prophétie et aussi du prophète, trop emporté sur les ailes de son coursier de feu, pendant du char de feu du prophète Elie.

Dans une lettre à une dame sur le terrible sujet de la Révolution, de Maistre conclut ainsi :

« Au lieu de nous dépiter contre un
» ordre de choses que nous ne compre-
» nons pas, attachons-nous aux vérités
» pratiques. Songeons que l'épithète de

» *très bon* est nécessairement attachée à
» celle de *très grand*, et c'est assez pour
» nous ; nous comprendrons que sous
» l'empire de l'être qui réunit ces deux
» qualités, tous les maux dont nous
» sommes les témoins ou les victimes ne
» peuvent être que des actes de justice
» ou des moyens de régénération, égale-
» ment nécessaires. »

Ce sont là de belles consolations philosophiques, à condition d'avoir la foi vive
du théosophe.

En voici qui sont moins religieuses,
mais ces dernières considérations sont
d'un véritable philosophe :

« Nos neveux, qui s'embarrasseront
» très peu de nos souffrances et qui dan-
» seront sur nos tombes, riront de notre
» ignorance actuelle ; ils se consoleront
» facilement des excès que nous avons
» vus et qui auront conservé l'intégrité du
» plus beau royaume après celui du ciel. »

Cette phrase, à propos de la Révolution
française et de ses auteurs, ne laisse
pas que de surprendre sous la plume de
de Maistre. La vérité le frappe parfois
d'une vive lueur, quand son terrible dogme

ne vient pas obscurcir sa pensée et bouleverser sa raison.

Voici encore un passage de ses *Considérations sur la France*, qui a une grande portée, et dans lequel il semble que l'écrivain s'élève au dessus de ses pensées habituelles :

« Si la Providence efface, c'est sans
» doute pour écrire... Lorsque je consi-
» dère l'affaissement général des principes
» moraux, la divergence des opinions,
» l'ébranlement des souverainetés qui
» manquent de bases, l'immensité de nos
» besoins et l'inanité de nos moyens, il
» me semble que tout vrai philosophe
» doit opter entre ces deux hypothèses :
« *ou qu'il va se former une nouvelle reli-*
» *gion,* ou que le christianisme sera ra-
» jeuni de quelque manière extraordi-
» naire. »

Pour de Maistre, admettre par hypothèse qu'il puisse se former une religion nouvelle, c'est beaucoup, cela dépasse sensiblement son horizon ordinaire, tout en prouvant la force et la hardiesse de son esprit.

Voici le passage d'une lettre qui se

rapporte au même sujet. Il est remarquable par son allure énergique :

« Plusieurs personnes m'ont adressé
» la même question, pourquoi n'écrivez-
» vous pas sur l'état de choses actuel?
» Je fais toujours la même réponse. Du
» temps de la *canaillocratie*, je pouvais,
» à mes risques et périls, dire leurs véri-
» tés à ces inconcevables souverains ;
» mais aujourd'hui ceux qui se trompent
» sont de trop bonne maison pour qu'on
» puisse se permettre de leur dire la
» vérité.

» La Révolution est bien plus terrible
» que du temps de Robespierre ! en s'éle-
» vant, elle s'est raffinée... Je ne vous
» dis rien de l'horrible corruption des es-
» prits, vous en touchez vous-même les
» principaux symptômes. Le mal est tel
» qu'*il annonce évidemment une explosion*
» *divine!* Mais quand? Mais comment?
» Ah ! ce n'est pas à nous de connaître le
» temps. »

A un autre endroit, de Maistre écrit :

« Rien ne marche au hasard ; le monde
» politique est aussi réglé que le monde
» physique ; mais comme la liberté de

» l'homme y joue un certain rôle, nous
» finissons par croire qu'elle y fait tout. »

En écrivant, en 1807, au comte d'Avaray,
le favori de Louis XVIII, de Maistre s'exprime ainsi :

« Bonaparte fait dire dans ses papiers
» qu'il est *l'envoyé de Dieu*. Rien n'est
» plus vrai ; Bonaparte vient directement
» du ciel comme la foudre. »

Plus loin, le philosophe ajoute avec une
grande justesse :

« Bonaparte est rare, extraordinaire,
» mais il n'est pas *grand*, qualité qui
» suppose une moralité, qui lui manque.
» C'est un terrible instrument entre les
» mains de la Providence, qui s'en sert
» pour renverser ceci ou cela. »

Ce jugement de de Maistre est remarquable et lui venait peut-être en partie
de ses libres conversations avec Mme de
Staël, laquelle a été la première à pénétrer à fond « l'âme du Corse à cheveux
plats », et à prononcer sur lui un jugement
définitif.

Vers la fin de sa vie, de Maistre écrivait :

« Je sens que mon esprit et mon corps

s'affaiblissent tous les jours. *Hic jacet*, voilà bientôt ce qui va me rester de tous les biens de ce monde. *Je finis avec l'Europe ;* c'est s'en aller en bonne compagnie. »

Tout prouve que l'*homme des doctrines anciennes*, le théosophe éprouvé par l'époque révolutionnaire, se sentait atteint non seulement dans sa santé, mais dans les idées auxquelles il avait consacré sa vie. Tout s'affaiblissait en lui, la santé et même les doctrines. La sensibilité, la pitié, l'humanité prenaient le dessus.

Je vois dans une lettre écrite par un 'ntime de la famille :

« Les bonnes œuvres n'ont jamais cessé de l'occuper et il versa beaucoup de larmes quelques jours avant sa mort en apprenant qu'une pauvre femme, qu'il avait recommandée au ministre des finances, venait de recevoir une somme considérable : une joie pure colora, pour la dernière fois, son noble visage, et, regardant le ciel, il remercia Dieu avec attendrissement. »

J'aime ces larmes du rude et terrible théosophe. Il y a plaisir à trouver l'homme sous son armure d'airain, plus

forte encore au figuré que n'était celle
qui recouvrait cet abominable duc d'Albe,
lieutenant de Philippe II, lequel se van-
tait d'avoir, en six années, fait périr par
les mains des bourreaux plus de dix-huit
mille personnes !

Ce Philippe II et ce duc d'Albe me ra-
mènent naturellement à l'Inquisition, et
je ne dois pas omettre que de Maistre en
a fait l'éloge.

A ce propos, Sainte-Beuve a écrit :

« En insistant outre mesure sur un sujet odieux et pénible, M. de Maistre a
trop oublié que là où il y avait du sang
versé et des tortures, la discussion ex-
trême, le *summum jus* a tort. Il est des
endroits sensibles qu'il ne faut pas re-
tourner rudement, pas plus que dans un
hôpital certaines plaies du malade, pour
faire une démonstration. »

Je suis émerveillé de ce que Sainte-
Beuve ait pu s'arrêter à ce détail de la
terrible doctrine de de Maistre. Ce point
minime est sans doute frappant, mais
dans l'ensemble du dogme du *salut par le
sang* et de l'expiation éternelle, c'est peu
de chose, c'est un mince détail. Cette

goutte de sang est à peine l'équivalent d'une goutte d'eau dans la mer.

La doctrine de de Maistre fait bloc, et ce bloc formidable, il s'agit de l'écarter entièrement, en amnistiant quelque peu le philosophe.

Et il y a fort à faire en vérité.

Depuis son retour à Turin, de Maistre s'était complu à retoucher et à parfaire le hideux portrait qu'il a laissé de Voltaire dans les *Soirées de Saint-Pétersbourg*. Pour lui, Voltaire est le grand ennemi de l'Eglise : c'est le patriarche de Ferney qui a couvé sous son aile les Encyclopédistes, c'est lui qui, par ses campagnes incessantes contre la superstition et l'intolérance, avait rendu le fanatisme odieux et ridicule ; c'est lui qui, par son habileté, son tact, ses correspondances multiples, ses relations toujours soigneusement entretenues avec plusieurs souverains, plusieurs hommes d'Etat et nombre de savants, avait fini par établir en Europe une sorte d'opinion publique, libérale, progressive, plus ou moins soustraite à l'écrasante autorité de Rome.

Voltaire a pu dire : j'ai brelan de rois quatrième, Frédéric, Catherine, Poniatowski, le roi de Danemark et le bon roi Stanislas. Mais le nombre des savants, des poètes et littérateurs, le nombre des gens du monde, des femmes de cour, de celles qui avaient des bureaux d'esprit, ou faisaient quelque bruit par leur beauté, on peut dire que ce nombre était légion. Voltaire comptait partout des disciples et des admirateurs parmi les plus vertueux et les plus savants, tels que Francklin et Turgot ; aussi bien que parmi les plus légers et les plus spirituels, comme le prince de Ligne et le chevalier de Boufflers.

Tous étaient acquis à Voltaire. Ferney était une petite Mecque où chacun voulait faire son pèlerinage.

Et l'action fut ininterrompue jusqu'à sa mort glorieuse.

Lorsque de Maistre se trouva pendant quatorze ans dans une sorte d'exil à Pétersbourg, il y rencontra partout, et notamment à la cour, l'influence de l'ami de Catherine II et des Encyclopédistes. On sait avec quelle générosité cette princesse se conduisait envers Diderot. Auparavant elle avait offert à d'Alembert d'être gouverneur de son fils, avec de magnifiques appointements.

On conçoit donc très bien que l'*homme
des doctrines anciennes* dut être profondément blessé de cette situation. Pour lui
Voltaire, quoique mort, se trouvait être
le plus redoutable des ennemis, à la fois
par ses doctrines, par son génie et l'uni-
versalité de sa gloire.

C'est pourquoi, comme nous l'allons
voir, de Maistre ne peut se contenir. Il
faut qu'il frappe Voltaire au visage, qu'il
l'écrase, qu'il le salisse et le traîne aux
gémonies. Il ne peut se lasser de l'inju-
rier, de piétiner sur lui, de l'accabler de
toutes façons. Jamais il n'est rassasié; il
fait souvenir de ces femmes fanatiques de
Palerme, qui, à la suite de l'expulsion des
capucins, 1864, furieuses, hors d'elles-
mêmes, mutilèrent plusieurs malheureux
soldats et firent mourir, sous leurs mor-
sures répétées à tour de rôle, un pauvre gendarme précédemment ligoté par
elles.

C'est la même fureur, la même violence
chez de Maistre. Il donne pleine carrière
à son exaspération. C'est un sauvage ivre
non pas de sang, mais de colère et de
rage. Il n'a plus de mesure ni d'équilibre;
il trébuche dans ses violences, ne sachant

plus où frapper ni comment s'arrêter dans l'épuisement de ses forces.

Il faut que le lecteur voie ce tableau : bien qu'il ne soit qu'en raccourci, il lui paraîtra suffisamment horrible :

« ..... Le grand crime de Voltaire est l'abus du talent et la prostitution d'un génie, créé pour célébrer Dieu et la vertu... Rien ne l'absout; sa corruption est d'un genre qui n'appartient qu'à lui; elle s'enracine dans les dernières fibres de son cœur et se fortifie de toutes les forces de son entendement. Toujours athée ou sacrilège, elle brave Dieu en perdant les hommes. Avec une fureur qui n'a pas d'exemple, cet insolent blasphémateur en vient à se déclarer l'ennemi personnel du sauveur des hommes; il ose, du fond de son néant, lui donner un nom ridicule, et cette loi adorable que l'Homme-Dieu apporta sur la terre, il l'appelle l'*infâme !*

» Abandonné de Dieu, qui punit en se retirant, il ne connaît plus de frein. D'autres cyniques étonnèrent la vertu, Voltaire étonne le vice. Il se plonge dans la fange, il s'y roule, il s'en abreuve; il livre son imagination à l'enthousiasme de l'en-

fer... Paris le couronna, Sodôme l'eût
banni. Profanateur effronté de la langue
universelle et de ses plus grands noms,
le dernier des hommes après ceux qui
l'aiment! Comment vous peindrais-je ce
qu'il me fait éprouver? Quand je vois ce
qu'il pouvait faire et ce qu'il a fait, ses
inimitables talents ne m'inspirent plus
qu'une sorte de *rage sainte* qui n'a pas de
nom. Suspendu entre l'admiration et l'horreur, quelquefois je voudrais lui faire élever une statue...par la main du bourreau!

» Allez contempler son visage au palais
de l'*Ermitage* : jamais je ne le regarde
sans me féliciter de ce qu'elle ne nous a
pas été transmise par quelque ciseau, hé-
ritier des Grecs, qui aurait peut-être su y
répandre un certain beau idéal. Ici tout
est naturel. Il y a autant de vérité dans
cette tête qu'il y en aurait dans un plâtre
pris sur le cadavre. Voyez ce front abject
que la pudeur ne colore jamais, ces deux
cratères éteints, où semblent bouillonner
encore la luxure et la haine. Cette bouche (je dis mal peut-être, mais ce n'est
pas ma faute), ce *rictus* épouvantable,
courant d'une oreille à l'autre, et ces lè-
vres pincées par la cruelle malice, comme

uu ressort prêt à se détendre pour lancer le blasphème ou le sarcasme.

» Ne me parlez pas de cet homme, je ne puis en soutenir l'idée. Ah ! qu'il nous a fait de mal ! »

Il en est de ce portrait de de Maistre comme de ses prédictions sur Washington, la Grèce et la Chambre de la Restauration.

Tout le monde peut voir, au foyer du Théâtre-Français, la belle statue d'Houdon, représentant Voltaire assis. Houdon n'est pas Phidias, mais c'est un artiste d'un très grand talent, qui a été heureusement inspiré et a fait un chef-d'œuvre. Je ne sais pas quel est le buste laissé à l'*Ermitage* par l'impératrice Catherine, mais il doit avoir quelque parenté avec la statue d'Houdon. La fureur de de Maistre lui a fait voir Voltaire en laid, comme la folie de ses doctrines l'a fait se tromper sur ce qu'il a prédit de la Grèce, de Washington et de la Chambre introuvable.

Et maintenant, si l'on se demande : qu'est-ce donc que ces deux hommes, Voltaire et de Maistre, et qu'ont-ils fait l'un et l'autre ???

M. de Maistre a été un fils tendre, un

bon époux, un bon père, un ami sincère, un sujet fidèle, dévoué à son souverain, un honnête homme rempli de charité, un magistrat intègre, un aimable et spirituel causeur, un vigoureux et brillant écrivain, un croyant à la foi profonde, mais ce qui a dominé sa vie, c'est la terrible doctrine qu'il avait embrassée.

Or, d'après cette doctrine, l'homme est méchant et corrompu par le péché. Il doit l'expier par le sang et la souffrance jusqu'à la consommation des siècles. Etant corrompu et méchant, l'homme ne peut se conduire par lui-même.

De toute nécessité, il faut aux peuples des conducteurs, des gardiens revêtus d'une autorité suprême, pourvus d'un bras et d'une main de fer ; autrement il faut à ces troupeaux de méchants et de pécheurs corrompus, des barons, des princes, des rois et empereurs, des *oints* du Seigneur, qui, en vertu d'un droit divin, soient chargés de faire régner par la force un certain ordre au milieu de ces misérables, abandonnés du ciel.

Ces doctrines ont été remises de nos jours en lumière par un bonapartiste, le jeune avocat Lachaud. Il ne nous mâche pas châtaigne et nous dit crûment les choses. Il nous déclare que les Bonapartes, avec leurs fourberies cyniques et leur despotisme, n'ont fait qu'imiter les Césars de Rome. Ce qui prouve historiquement qu'il n'y a pas d'autre moyen de gouverner les hommes.

Ce n'est pas que les rois valent mieux que les autres, ils sont souvent pires, mais ils sont armés de la verge de fer et peuvent ainsi maintenir une certaine paix dans le troupeau. Par suite de leurs vices, si la verge de fer échappe à la main impuissante du roi, la société entre en convulsion et se débat dans l'anarchie, en attendant qu'un plus fort ou un plus rusé se saisisse de la verge de fer et frappe toujours, jusqu'à ce que par épuisement on se remette dans un calme relatif et morne. Cela marche tant que ça peut. Puis on recommence.

M. Lachaud n'a pas le talent de M. de Maistre, ni son érudition, ni sa métaphysique ou théologie, peut-être encore n'a-t-il pas sa foi vive et ardente. Mais M. Lachand possède parfaitement la doctrine, au point de vue pratique.

Avec M. Lachaud, la doctrine se montre

toute nue, dans sa brutalité. Avec M. de
Maistre la doctrine est ornée, fortifiée
par des textes grecs et latins, par des
emprunts à toutes les religions, à toutes
les coutumes et usages des nations, cela
représente un corps de doctrines respectable autant que formidable. Au fond,
c'est toujours la même doctrine. Si ces
idées étaient justes, si cette doctrine était
basée sur la réalité, l'homme n'eût pas
accompli un progrès, l'humanité n'aurait
pas fait un pas en avant.

Spartacus se lève au nom des esclaves.
Qu'il périsse ! Les malheureux serfs et
mainmortables de notre moyen âge se
soulèvent à leur tour et se montrent debout sur la glèbe qu'ils arrosent de leur
sueur. Qu'ils périssent ! Les Américains
veulent être indépendants de l'Angleterre,
les Grecs des Turcs, Bolivar et ses concitoyens de l'Espagne, les noirs des blancs.
Que tous se résignent à la volonté de
Dieu et souffrent en silence !... S'ils souffrent trop, cela servira toujours, car l'innocent peut payer pour le coupable. Et
qu'importe, d'ailleurs, puisque nous sommes condamnés à l'expiation et au mal,
puisque la guerre est divine, et que le

bourreau est revêtu d'une fonction sacrée !

C'est pour propager et défendre ces doctrines que de Maistre a vécu, travaillé avec acharnement. Et c'est pourquoi il a vu dans Voltaire le plus redoutable des ennemis.

En effet, Voltaire a procédé tout autrement que de Maistre et sa doctrine est absolument l'opposé de la sienne. Pendant soixante ans il a, sans s'arrêter un seul jour, prêché la paix et la tolérance, il a fait de son mieux pour éclairer les hommes et les délivrer de deux monstres, la superstition et le fanatisme, qui ont couvert la terre de ruines et l'ont inondée de sang.

Pendant soixante ans, il a été, non pas seulement un bonhomme serviable, charitable autour de lui, il s'est constitué le défenseur des faibles, le protecteur des opprimés, le vengeur des victimes innocentes, le redresseur des torts de la justice.

Il n'a pas eu d'enfants, mais il s'est donné la joie d'élever et de marier trois pupilles ; une petite nièce de Corneille, Mlle Dupuis et Mlle de Varicourt, qu'il appelait *Belle et bonne* et qu'il maria au marquis de Villette. Il a soutenu, aidé ses parents et ses amis. Vers la fin de sa vie, il ne faisait pas moins de 32,000 fr. de pensions.

Il a fait naître l'abondance là où gémissait la misère. A la place de soixante-neuf habitants autour de Ferney, il en a laissé douze cents. A lui seul, il a élevé dans le village quatre-vingt-dix-huit maisons en pierre, il l'a percé de routes et planté d'arbres. Il a arraché la petite province de Gex aux cruelles vexations des fermes générales. Quand le pain devenait cher, il faisait venir du grain de Sicile. Quand un accident abattait quelqu'un autour de lui, il le consolait et le relevait; s'il avait fait une faute, il lui pardonnait, et lui disait : allez et ne péchez plus.

Son regard s'étendait au loin sur l'Europe et la terre entière, mais ce n'était ni pour maudire les hommes ni les haïr. C'était pour les aider, les secourir, les consoler, les éclairer et susciter leurs espérances en un avenir meilleur.

Tel a été Voltaire, tel a été de Maistre. Lequel vaut le mieux? Lequel a fait le plus de bien aux hommes?

De Maistre est mort en versant des larmes de joie sur une infortune qu'il avait été assez heureux pour soulager. Voltaire est mort en apprenant la réhabilitation de Lally-Tollendal, à laquelle il avait travaillé douze ans, et en s'écriant : *Je meurs content!*

L'ange de lumière, Lucifer, et l'ange des ténèbres, l'orfraie du passé, se sont rencontrés au dernier moment dans un acte d'humanité. C'est un bon terrain pour réconcilier des hommes. Quant aux doctrines, elles sont à jamais inconciliables, et l'une tuera l'autre, pour le plus grand bien du monde et des hommes.

E. DE POMPERY.

LES SOIRÉES

DE

SAINT-PÉTERSBOURG

LE BOURREAU

Au mois de juillet 1809, à la fin d'une
journée des plus chaudes, je remontais la
Néva dans une chaloupe, avec le conseiller
privé de T.... membre du Sénat de Saint-
Pétersbourg, et le chevalier de B..., jeune
Français que les orages de la Révolution
de son pays et une foule d'événements
bizarres avaient poussé dans cette capitale.
L'estime réciproque, la conformité de
goûts, et quelques relations précieuses de
services et d'hospitalité, avaient formé
entre nous une liaison intime. L'un et
l'autre m'accompagnaient ce jour-là jusqu'à
la maison de campagne où je passais l'été.
Quoique située dans l'enceinte de la ville,
elle est cependant assez éloignée du centre
pour qu'il soit permis de l'appeler *campagne*
et même *solitude*; car il s'en faut de beaucoup que toute cette enceinte soit occupée
par les bâtiments; et quoique les vides qui

se trouvent dans la partie habitée se rem-
plissent à vue d'œil, il n'est pas possible
de prévoir si les habitations doivent un
jour s'avancer jusqu'aux limites tracées
par le doigt hardi de Pierre I°.

Il était à peu près neuf heures du soir ;
le soleil se couchait par un temps superbe ;
le faible vent qui nous poussait expira dans
la voile que nous vîmes *badiner*. Bientôt le
pavillon qui annonce du haut du palais
impérial la présence du souverain, tombant
immobile le long du mât qui le supporte,
proclama le silence des airs. Nos matelots
prirent la rame ; nous leur ordonnâmes de
nous conduire lentement.

Rien n'est plus rare, mais rien n'est plus
enchanteur qu'une belle nuit d'été à Saint-
Pétersbourg, soit que la longueur de l'hi-
ver et la rareté de ces nuits leur donnent,
en les rendant plus désirables, un charme
particulier, soit que réellement, comme je
le crois, elles soient plus douces et plus
calmes que dans les plus beaux climats.

Le soleil qui, dans les zones tempérées,
se précipite à l'occident, et ne laisse après
lui qu'un crépuscule fugitif, rase ici lentement une terre dont il semble se détacher
à regret. Son disque, environné de vapeurs
rougeâtres, roule comme un char enflammé
sur les sombres forêts qui couronnent l'horizon, et ses rayons, réfléchis par le vitrage
des palais, donnent au spectateur l'idée
d'un vaste incendie.

Les grands fleuves ont ordinairement un
lit profond et des bords escarpés qui leur

donnent un aspect sauvage. La Néva coule à pleins bords, au sein d'une cité magnifique ; ses eaux limpides touchent le gazon des îles qu'elle embrasse, et dans toute l'étendue de la ville, elle est contenue par deux quais de granit, alignés à perte de vue, espèce de magnificence répétée dans les trois grands canaux qui parcourent la capitale, et dont il n'est pas possible de trouver ailleurs le modèle ni l'imitation.

Mille chaloupes se croisent et sillonnent l'eau en tous sens : on voit de loin les vaisseaux étrangers qui plient leurs voiles et jettent l'ancre. Ils apportent sous le pôle les fruits des zones brûlantes et toutes les productions de l'univers. Les brillants oiseaux d'Amérique voguent sur la Néva avec des bosquets d'orangers ; ils retrouvent en arrivant la noix du cocotier, l'ananas, le citron, et tous les fruits de leur terre natale. Bientôt le Russe opulent s'empare des richesses qu'on lui présente, et jette l'or, sans compter, à l'avide marchand.

Nous rencontrions de temps en temps d'élégantes chaloupes, dont on avait retiré les rames, et qui se laissaient aller doucement au paisible courant de ces belles eaux. Les rameurs chantaient un air national, tandis que leurs maîtres jouissaient en silence de la beauté du spectacle et du calme de la nuit.

Près de nous, une longue barque emportait rapidement une noce de riches négociants. Un baldaquin cramoisi, garni de

franges d'or, couvrait le jeune couple et les
parents. Une musique russe, resserrée
entre deux files de rameurs, envoyait au
loin le son de ses bruyants cornets. Cette
musique n'appartient qu'à la Russie, et
c'est peut-être la seule chose particulière à
un peuple qui ne soit pas ancienne. Une
foule d'hommes vivants ont connu l'inven-
teur, dont le nom réveille constamment
dans sa patrie l'idée de l'antique hospitalité, du luxe élégant et des nobles plaisirs.
Singulière mélodie! emblème éclatant fait
pour occuper l'esprit bien plus que l'oreille
Qu'importe à l'œuvre que les instruments
sachent ce qu'ils font? Vingt ou trente au-
tomates agissant ensemble produisent une
pensée étrangère à chacun d'eux ; le méca-
nisme aveugle est dans l'individu : le calcul ingénieux, l'imposante harmonie sont
dans le tout.

La statue équestre de Pierre 1ᵉʳ s'élève
sur le bord de la Néva, à l'une des extrémités de l'immense place d'Isaac. Son visage sévère regarde le fleuve et semble
encore animer cette navigation, créée par
le génie du fondateur. Tout ce que l'oreille
entend, tout ce que l'œil contemple sur ce
superbe théâtre, n'existe que par une pensée de la tête puissante qui fit sortir d'un
marais tant de monuments pompeux. Sur
ces rives désolées, d'où la nature semble
avoir exilé la vie, Pierre assit sa capitale et
se créa des sujets. Son bras terrible est
encore étendu sur leur postérité qui se
presse autour de l'auguste effigie : on re-

garde, et l'on ne sait si cette main de bronze protège ou menace.

A mesure que notre chaloupe s'éloignait, le chant des bateliers et le bruit confus de la ville s'éteignaient insensiblement. Le soleil était descendu sous l'horizon ; des nuages brillants répandaient une clarté douce, un demi jour doré qu'on ne saurait peindre, et que je n'ai jamais vu ailleurs. La lumière et les ténèbres semblaient se mêler et comme s'entendre pour former le voile transparent qui couvre alors ces campagnes.

Si le ciel, dans sa bonté, me réservait un de ces moments si rares dans la vie où le cœur est inondé de joie par quelque bonheur extraordinaire et inattendu ; si une femme, des enfants, des frères séparés de moi depuis longtemps, et sans espoir de réunion, devaient tout à coup tomber dans mes bras, je voudrais, oui, je voudrais que ce fût dans une de ces belles nuits, sur les rives de la Néva, en présence de ces Russes hospitaliers.

Sans nous communiquer nos sensations, nous jouissions avec délices de la beauté du spectacle qui nous entourait, lorsque le chevalier de B... rompant brusquement le silence, s'écria :

— Je voudrais bien voir ici, sur cette même barque où nous sommes, un de ces hommes pervers, nés pour le malheur de la société ; un de ces monstres qui fatiguent la terre...

— Et qu'en feriez-vous, s'il vous plaît (ce

fut la question de ses deux amis parlant à la fois)?

— Je lui demanderais, reprit le chevalier, si cette nuit lui paraît aussi belle qu'à nous.

L'exclamation du chevalier nous avait tirés de notre rêverie : bientôt cette idée originale engagea entre nous la conversation suivante dont nous étions fort éloignés de prévoir les suites intéressantes.

LE COMTE. — Mon cher chevalier, les cœurs pervers n'ont jamais de belles nuits ni de beaux jours. Ils peuvent s'amuser, ou plutôt s'étourdir ; jamais ils n'ont de jouissances réelles. Je ne les crois point susceptibles d'éprouver les mêmes sensations que nous. Au demeurant, Dieu veuille les écarter de notre barque.

LE CHEVALIER. — Vous croyez donc que les méchants ne sont pas heureux ? je voudrais le croire aussi ; cependant j'entends dire chaque jour que tout leur réussit. S'il en était ainsi réellement, je serais un peu fâché que la Providence eût réservé entièrement pour un autre monde la punition des méchants et la récompense des justes : il me semble qu'un petit acompte de part et d'autre dès cette vie même n'aurait rien gâté. C'est ce qui me ferait désirer au moins que les méchants, comme vous le croyez, ne fussent pas susceptibles de certaines sensations qui nous ravissent. Je vous avoue que je ne vois pas trop clair dans cette question. Vous devriez bien me dire ce que vous en pensez, vous, messieurs, qui êtes si forts dans ce genre de philosophie.

Pour moi qui, dans les camps nourri dès mon
[enfance,
Laissai toujours aux cieux le soin de leur ven-
[geance,

je vous avoue que je ne me suis pas trop informé de quelle manière il plaît à Dieu d'exercer sa justice, quoique, à vous dire vrai, il me semble, en réfléchissant sur ce qui se passe dans le monde, que s'il punit dès cette vie, au moins il ne se presse pas.

LE COMTE. — Pour peu que vous en ayez d'envie, nous pourrions fort bien consacrer la soirée à l'examen de cette question, qui n'est pas difficile en elle-même, mais qui a été embrouillée par les sophismes de l'orgueil et de sa fille aînée l'irréligion. J'ai grand regret à ces *symposiaques*, dont l'antiquité nous a laissé quelques monuments précieux. Les dames sont aimables sans doute ; il faut vivre avec elles, pour ne pas devenir sauvages. Les sociétés nombreuses ont leur prix ; il faut même savoir s'y prêter de bonne grâce ; mais quand on a satisfait à tous les devoirs imposés par l'usage, je trouve fort bon que les hommes s'assemblent quelquefois pour raisonner, même à table. Je ne sais pourquoi nous n'imitons plus les anciens sur ce point. Croyez-vous que l'examen d'une question intéressante n'occupât pas le temps d'un repas d'une manière plus utile et plus agréable même que les discours légers ou répréhensibles qui animent les nôtres ?

C'était, à ce qu'il me semble, une assez belle idée que celle de faire asseoir Bacchus et Minerve à la même table, pour défendre à l'un d'être libertin et à l'autre d'être pédante. Nous n'avons plus de Bacchus, et d'ailleurs notre petite *symposie* le rejette expressément ; mais nous avons une Minerve bien meilleure que celle des anciens; invitons-la à prendre le thé avec nous : elle est affable et n'aime pas le bruit ; j'espère qu'elle viendra.

Vous voyez déjà cette petite terrasse supportée par quatre colonnes chinoises au-dessus de l'entrée de ma maison : mon cabinet de livres ouvre immédiatement sur cette espèce de belvédère, que vous nommerez si vous voulez un grand balcon ; c'est là qu'assis dans un fauteuil antique, j'attends paisiblement le moment du sommeil. Frappé deux fois de la foudre, comme vous savez, je n'ai plus de droit à ce qu'on appelle vulgairement bonheur : je vous avoue même qu'avant de m'être raffermi par de salutaires réflexions, il m'est arrivé trop souvent de me demander à moi-même : Que me reste-t-il ? Mais la conscience à force de me répondre MOI, m'a fait rougir de ma faiblesse, et depuis longtemps je ne suis pas même tenté de me plaindre. C'est là surtout, c'est dans mon observatoire que je trouve des moments délicieux. Tantôt je m'y livre à de sublimes méditations : l'état où elles me conduisent par degrés tient du ravissement. Tantôt j'évoque, innocent magicien, des ombres vénérables

qui furent jadis pour moi des divinités ter-
restres, et que j'invoque aujourd'hui comme
des génies tutélaires. Souvent il me semble qu'elles me font signe ; mais lorsque je
m'élance vers elles, de charmants souvenirs me rappellent ce que je possède encore, et la vie me paraît aussi belle que si
j'étais encore dans l'âge de l'espérance.

Lorsque mon cœur oppressé me demande
du repos, la lecture vient à mon secours.
Tous mes livres sont là sous ma main ; il
m'en faut peu, car je suis depuis longtemps
bien convaincu de la parfaite inutilité d'une
foule d'ouvrages qui jouissent encore d'une
grande réputation...

Les trois amis ayant débarqué et pris
place autour de la table à thé, la conversation reprit son cours.

LE SÉNATEUR. — Je suis charmé qu'une
saillie de M. le chevalier nous ait fait naître l'idée d'une *symposie* philosophique. Le
sujet que nous traiterons ne saurait être
plus intéressant : « Le bonheur des méchants, le malheur des justes ! » C'est le
grand scandale de la raison humaine.
Pourrions-nous mieux employer une soirée
qu'en la consacrant à l'examen de ce mystère de la métaphysique divine ? Nous serons conduits à sonder, autant du moins
qu'il est permis à la faiblesse humaine,
l'ensemble des voies de la Providence dans
le gouvernement du monde moral. Mais je
vous en avertis, monsieur le comte, il pourrait bien vous arriver, comme à la sultane
Schéhérazade, de n'en être pas quitte pour

une soirée : je ne dis pas que nous allions jusqu'à mille et une, il y aurait de l'indiscrétion, mais nous y reviendrons au moins plus souvent que vous ne l'imaginez.

LE COMTE. — Je prends ce que vous me dites pour une politesse et non pour une menace. Au reste, messieurs, je puis vous renvoyer ou l'une ou l'autre, comme vous me l'adressez. Je ne demande ni n'accepte même de partie principale dans nos entretiens ; nous mettrons, si vous le voulez bien, nos pensées en commun : je ne commence même que sous cette condition.

Il y a longtemps, messieurs, qu'on se plaint de la Providence dans la distribution des biens et des maux ; mais je vous avoue que jamais ces difficultés n'ont pu faire la moindre impression sur mon esprit. Je vois avec une certitude d'intuition, et j'en remercie humblement cette Providence, que sur ce point l'homme se trompe dans toute la force du terme et dans le sens naturel de l'expression.

Je voudrais pouvoir dire comme Montaigne : « L'homme se pipe », car c'est le véritable mot. Oui, sans doute, l'homme se pipe ; il est dupe de lui-même ; il prend les sophismes de son cœur naturellement rebelle (hélas ! rien n'est plus certain) pour les doutes réels nés dans son entendement. Si quelquefois la superstition croit de croire, comme on le lui a reproché, plus souvent encore, soyez-en sûrs, l'orgueil croit ne pas croire. C'est toujours l'homme qui se pipe ; mais, dans le second cas, c'est bien pire.

Enfin, messieurs, il n'y a pas de sujet sur lequel je me sente plus fort que celui du gouvernement temporel de la Providence : c'est donc avec une parfaite conviction, c'est avec une satisfaction délicieuse que j'exposerai à deux hommes que j'aime tendrement quelques pensées utiles que j'ai recueillies sur la route, déjà longue, d'une vie consacrée tout entière à des études sérieuses.

LE CHEVALIER. — Je vous entendrai avec le plus grand plaisir, et je ne doute pas que notre ami commun ne vous accorde la même attention ; mais permettez-moi, je vous en prie, de commencer par vous chicaner avant que vous ayez commencé, et ne m'accusez point de répondre à votre silence ; car c'est tout comme si vous aviez déjà parlé, et je sais très bien ce que vous allez me dire. Vous êtes, sans le moindre doute, sur le point de commencer par où les prédicateurs finissent, par la vie éternelle. « Les méchants sont heureux dans ce monde ; mais ils seront tourmentés dans l'autre : les justes, au contraire, souffrent dans celui-ci ; mais ils seront heureux dans l'autre. » Voilà ce qu'on trouve. Et pourquoi vous cacherais-je que cette réponse tranchante ne me satisfait pas pleinement ? Vous ne me soupçonnerez pas, j'espère, de vouloir détruire ou affaiblir cette grande preuve ; mais il me semble qu'on ne lui nuirait point du tout en l'associant à d'autres.

LE SÉNATEUR. — Si M. le chevalier est indiscret ou trop précipité, j'avoue que j'ai tort comme lui et autant que lui ; car j'étais sur le point de vous quereller aussi avant que vous eussiez entamé la question ; ou si vous voulez que je vous parle sérieusement, je voulais vous prier de sortir des routes battues. J'ai lu plusieurs de vos écrivains ascétiques de premier ordre, que je vénère infiniment ; mais, tout en leur rendant la justice qu'ils méritent, je ne vois pas sans peine que, sur cette grande question des voies de la justice divine dans ce monde, ils semblent presque tous passer condamnation sur le fait, et convenir qu'il n'y a pas moyen de justifier la Providence divine dans cette vie. Si cette proposition n'est pas fausse, elle me paraît au moins extrêmement dangereuse ; car il y a beaucoup de danger à laisser croire aux hommes que la vertu ne sera récompensée et le vice puni que dans l'autre vie. Les incrédules, pour qui ce monde est tout, ne demandent pas mieux, et la foule même doit être rangée sur la même ligne : l'homme est si distrait, si dépendant des objets qui le frappent, si dominé par ses passions, que nous voyons tous les jours le croyant le plus soumis braver les tourments de la vie future pour le plus misérable plaisir. Que sera-ce de celui qui ne croit pas ou qui croit faiblement ? Appuyons donc tant qu'il vous plaira sur la vie future qui répond à toutes les objections ; mais s'il existe dans ce monde un véritable gouvernement moral

et si, dès cette vie même, le crime doi
trembler, pourquoi le décharger de cett
crainte ?

LE COMTE. — Pascal observe quelque par
que « la dernière chose qu'on découvre e
composant un livre, est de savoir quell
chose on doit placer la première »; je n
fais pas un livre, mes bons amis; mais j
commence un discours qui peut-être ser
long, et j'aurais pu balancer sur le début
heureusement vous me dispensez du travail de la délibération; c'est vous-même
qui m'apprenez par où je dois commencer.

L'expression familière qu'on ne peu
adresser qu'à un enfant ou à un inférieur
« Vous ne savez ce que vous dites », es
néanmoins le compliment qu'un homme
sensé aurait droit de faire à la foule qui
se mêle de disserter sur les questions épi-
neuses de la philosophie. Avez-vous jamais entendu, messieurs, un militaire se
plaindre qu'à la guerre les coups ne tom-
bent que sur les honnêtes gens, et qu'il
suffit d'être un scélérat pour être invul-
nérable? Je suis sûr que non, parce que,
en effet, chacun sait que les balles ne choi-
sissent personne. J'aurais bien droit d'établir au moins une parité parfaite entre les
maux de la guerre par rapport aux militaires, et les maux de la vie en général par
rapport à tous hommes; et cette parité,
supposée exacte, suffirait seule pour faire
disparaître une difficulté fondée sur une
fausseté manifeste; car il est non seule
ment faux, mais évidemment faux que le

crime soit en général heureux, et la vertu malheureuse en ce monde; il est, au contraire, de la plus grande évidence que les biens et les maux sont une espèce de loterie où chacun sans distinction peut tirer un billet blanc ou noir. Il faudrait donc changer la question et demander pourquoi, dans l'ordre temporel, le juste n'est pas exempt des maux qui peuvent affliger le coupable; et pourquoi le méchant n'est pas privé des biens dont le juste doit jouir? Mais cette question est tout à fait différente de l'autre, et je suis même fort étonné si le simple énoncé ne vous en démontre pas l'absurdité; car c'est une de mes idées favorites que l'homme droit est assez communément averti, par un sentiment intérieur, de la fausseté ou de la vérité de certaines propositions avant tout examen, souvent même avant d'avoir fait les études nécessaires pour être en état de les examiner avec une parfaite connaissance de cause.

LE SÉNATEUR.— Je suis si fort de votre avis et si amoureux de cette doctrine, que je l'ai peut-être exagérée en la portant dans les sciences naturelles; cependant je puis, au moins jusqu'à un certain point, invoquer l'expérience à cet égard. Plus d'une fois il m'est arrivé, en matière de physique ou d'histoire naturelle, d'être choqué sans trop savoir dire pourquoi, par de certaines opinions accréditées, que j'ai eu le plaisir ensuite (car c'en est un) de voir attaquées, et même tournées en ridicule par des hommes

profondément versés dans ces mêmes
sciences, dont je me pique, comme vous
savez. Croyez-vous qu'il faille être l'égal de
Descartes pour avoir droit de se moquer
de ses tourbillons? Si l'on vient me raconter que cette planète que nous habi-
tons n'est qu'une éclaboussure du soleil,
enlevée, il y a quelques millions d'années,
par une comète extravagante courant dans
l'espace, ou que les animaux se font comme
des maisons, en mettant ceci à côté de
cela; ou que toutes les couches de notre
globe ne sont que le résultat fortuit d'une
précipitation chimique, et cent autres belles
choses de ce genre qu'on a débitées dans
notre siècle, faut-il donc avoir beaucoup
lu, beaucoup réfléchi; faut-il être de quatre
ou cinq académies pour sentir l'extravagance de ces théories? Je vais plus loin;
je crois que dans les questions mêmes qui
tiennent aux sciences exactes, ou qui
paraissent reposer entièrement sur l'expérience, cette règle de la conscience intellectuelle n'est pas à beaucoup près nulle pour
ceux qui ne sont point initiés à ces sortes
de connaissances; ce qui m'a conduit à
douter, je vous l'avoue en baissant la voix,
de plusieurs choses qui passent généralement pour certaines. L'explication des ma-
rées par l'attraction luni-solaire, la décom-
position et la recomposition de l'eau, d'autres théories encore que je pourrais vous
citer et qui passent aujourd'hui pour des
dogmes, refusent absolument d'entrer dans
mon esprit, et je me sens invinciblement

porté à croire qu'un savant de bonne foi viendra quelque jour nous apprendre que nous étions dans l'erreur sur ces grands objets, ou qu'on ne s'entendait pas. Vous me direz peut-être (l'amitié en a le droit) : « C'est pure ignorance de votre part. » Je me le suis dit mille fois à moi-même. Mais dites-moi à votre tour pourquoi je ne serais pas également indocile à d'autres vérités? Je les crois sur la parole des maîtres, et jamais il ne s'élève dans mon esprit une seule idée contre la foi.

D'où vient donc ce sentiment intérieur qui se révolte contre certaines théories? On les appuie sur des arguments que je ne saurais pas renverser, et cependant cette conscience dont nous parlons n'en dit pas moins : *Quodcumque ostendis mihi sic, incredulus odi.*

LE COMTE. — Vous parlez latin, monsieur le sénateur, quoique nous ne vivions point ici dans un pays latin. C'est très bien fait à vous de faire des excursions sur des terres étrangères; mais vous auriez dû ajouter dans les règles de la politesse : Avec la permission de monsieur le chevalier.

LE CHEVALIER. — Vous me plaisantez, monsieur le comte; sachez, s'il vous plaît, que je ne suis point du tout aussi brouillé que vous pourriez le croire avec la langue de l'ancienne Rome. Il est vrai que j'ai passé la fin de mon bel âge dans les camps, où l'on cite peu Cicéron; mais je l'ai commencé dans un pays où l'éducation elle-même commence presque toujours par le

latin. J'ai fort bien compris le passage que
je viens d'entendre, sans savoir cependant
à qui il appartient. Au reste, je n'ai pas la
prétention d'être sur ce point, ni sur tant
d'autres, l'égal de monsieur le sénateur
dont j'honore infiniment les grandes et so-
lides connaissances. Il a bien le droit de
me dire, même avec une certaine emphase :

> Va dire à ta patrie
> Qu'il est quelque savoir aux bords de la Scythie.

Mais permettez, je vous prie, messieurs,
au plus jeune de vous, de vous ramener
dans le chemin dont nous nous sommes
étrangement écartés. Je ne sais comment
nous sommes tombés de la Providence au
latin.

LE COMTE. — Quelque sujet qu'on traite,
mon aimable ami, on parle toujours d'elle.
D'ailleurs une conversation n'est point un
livre ; peut-être même vaut-elle mieux
qu'un livre, précisément parce qu'elle permet de divaguer un peu. Mais pour rentrer dans notre sujet par où nous sommes
sortis, je n'examinerai pas dans ce moment
jusqu'à quel point on peut se fier à ce
sentiment intérieur que M. le sénateur appelle, avec une si grande justesse, *conscience intellectuelle.*

Je me permettrai encore moins de discu-
ter les exemples particuliers auxquels il
l'a appliquée ; ces détails nous condui-
raient trop loin de notre sujet. Je dirai
seulement que la droiture du cœur et la
pureté habituelle d'intention peuvent avoir

des influences secrètes et des résultats qui
s'étendent bien plus loin qu'on ne l'imagine communément. Je suis donc très dis-
posé à croire que chez des hommes tels
que ceux qui m'entendent, l'instinct secret
dont nous parlions tout à l'heure devinera
juste assez souvent, même dans les sciences naturelles ; mais je suis porté à le
croire à peu près infaillible lorsqu'il s'agit
de philosophie rationnelle, de morale, de
métaphysique et de théologie naturelle. Il
est infiniment digne de la suprême sagesse, qui a tout créé et tout réglé, d'avoir
dispensé l'homme de la science dans tout
ce qui l'intéresse véritablement. J'ai donc
eu raison d'affirmer que la question qui
nous occupe étant une fois posée exactement, la détermination intérieure de tout
esprit bien fait devait nécessairement pré-
céder la discussion.

LE CHEVALIER. — Il me semble que M. le
sénateur approuve, puisqu'il n'objecte rien.
Quant à moi j'ai toujours eu pour maxime
de ne jamais contester sur les opinions
utiles. Qu'il y ait une conscience pour l'esprit comme il y en a une pour le cœur,
qu'un sentiment intérieur conduise l'homme
de bien, et le mette en garde contre l'erreur dans les choses mêmes qui semblent
exiger un appareil préliminaire d'études et
de réflexions, c'est une opinion très digne
de la sagesse divine et très honorable pour
l'homme : ne jamais nier ce qui est utile,
ne jamais soutenir ce qui pourrait nuire,
c'est, à mon sens, une règle sacrée qui de-

vrait surtout conduire les hommes qu
leur profession écarte comme moi des étu
des approfondies. N'attendez donc aucun
objection de ma part : cependant, sans nie
que le sentiment chez moi ait déjà pri
parti, je n'en prierai pas moins monsieu
le comte de vouloir bien encore s'adresse
à ma raison.

LE COMTE. — Je vous le répète, je n'ai ja
mais compris cet argument éternel contr
la Providence, tiré du malheur des juste
et de la prospérité des méchants. S
l'homme de bien souffrait parce qu'il es
homme de bien, et si le méchant prospé
rait de même parce qu'il est méchant, l'ar
gument serait insoluble ; il tombe à terr
si l'on suppose seulement que le bien et le
mal sont distribués indifféremment à tou
les hommes. Mais les fausses opinion
ressemblent à la fausse monnaie qui es
frappée d'abord par de grands coupables
et dépensée ensuite par d'honnêtes gen
qui perpétuent le crime sans savoir ce
qu'ils font. C'est l'impiété qui a d'abord
fait grand bruit de cette objection ; la lé
gèreté et la bonhomie l'ont répétée : mai
en vérité ce n'est rien. Je reviens à ma
première comparaison : un homme de bien
est tué à la guerre, est-ce une injustice
Non, c'est un malheur. S'il a la goutte ou
la gravelle ; si son ami le trahit ; s'il es
écrasé par la chute d'un édifice, etc., c'es
encore un malheur, mais rien de plus,
puisque tous les hommes sans distinction
sont sujets à ces sortes de disgrâces. Ne

perdez jamais de vue cette grande vérité :
« Qu'une loi générale, si elle n'est injuste
pour tous, ne saurait l'être pour l'individu. » Vous n'aviez pas une telle maladie,
mais vous pouviez l'avoir; vous l'avez,
mais vous pouviez en être exempt. Celui
qui a péri dans une bataille pouvait échapper; celui qui en revient pouvait y rester
Tous ne sont pas morts; mais tous étaient
là pour mourir. Dès lors plus d'injustice :
la loi juste n'est point celle qui a son effet
sur tous, mais celle qui est faite pour
tous; l'effet sur tel ou tel individu n'est
plus qu'un accident. Pour trouver des difficultés dans cet ordre de choses, il faut les
aimer; malheureusement on les aime et on
les cherche : le cœur humain, continuellement révolté contre l'autorité qui le gêne,
fait des contes à l'esprit qui les croit; nous
accusons la Providence, pour être dispensés de nous accuser nous-mêmes; nous
élevons contre elle des difficultés que nous
rougirions d'élever contre un souverain ou
contre un simple administrateur dont nous
estimerions la sagesse. Chose étrange! il
nous est plus aisé d'être juste envers les
hommes qu'envers Dieu (1).

Il me semble, messieurs, que j'abuserais
de votre patience si je m'étendais davantage pour vous prouver que la question est
ordinairement mal posée, et que réellement
on ne sait ce qu'on dit lorsqu'on se plaint

(1) *Multos inveni æquos adversus homines; adversus Deos, neminem* (Sen., Ep. xcv.)

que le vice est heureux, et la vertu malheureuse dans ce monde ; tandis que, en faisant même la supposition la plus favorable aux murmurateurs, il est manifestement prouvé que les maux de toute espèce pleuvent sur tout le genre humain comme les balles sur une armée, sans aucune distinction de personne. Or, si l'homme de bien ne souffre pas, parce qu'il est homme de bien, et si le méchant ne prospère pas parce qu'il est méchant, l'objection disparaît, et le bon sens a vaincu.

LE CHEVALIER. — J'avoue que si l'on s'en tient à la distribution des maux physiques et extérieurs, il y a évidemment inattention ou mauvaise foi dans l'objection qu'on en tire contre la Providence ; mais il me semble qu'on insiste bien plus sur l'impunité des crimes : c'est là le grand scandale, et c'est l'article sur lequel je suis le plus curieux de vous entendre.

LE COMTE. — Il n'est pas encore temps, monsieur le chevalier. Vous m'avez donné gain de cause un peu trop vite sur ces maux que vous appelez extérieurs. Si j'ai toujours supposé, comme vous l'avez vu, que ces maux étaient distribués également à tous les hommes, je l'ai fait uniquement pour me donner ensuite plus beau jeu ; car, dans le vrai, il n'en est rien. Mais, avant d'aller plus loin, prenons garde, s'il vous plaît, de ne pas sortir de la route ; il y a des questions qui se touchent, pour ainsi dire, de manière qu'il est aisé de glisser de l'une à l'autre sans s'en apercevoir : de celle-ci, par exemple : « Pourquoi le juste souffre-t-il ? » on se trouve insensiblement à une autre : « Pourquoi l'homme souffre-t-il ? » La dernière cependant est toute différente; c'est celle de l'origine du mal. Commençons donc par écarter toute équivoque. Le mal est sur la terre; hélas ! c'est une vérité qui n'a pas besoin d'être prouvée; mais de plus : « Il y est très justement, et Dieu ne saurait en être l'auteur » : c'est une autre vérité dont nous ne doutons, j'espère, ni vous ni moi, et que je puis me dispenser de prouver, car je sais à qui je parle.

LE SÉNATEUR. — Je professe de tout mon cœur la même vérité, et sans aucune restriction; mais cette profession de foi, précisément à cause de sa latitude, exige une explication. Votre saint Thomas a dit avec ce laconisme logique qui le distingue: « Dieu est l'auteur du mal qui punit, mais non de celui qui souille (1). » Il a certainement raison dans un sens; mais il faut s'entendre: Dieu est l'auteur du mal qui punit, c'est-à-dire du mal physique ou de la douleur, comme un souverain est l'auteur des supplices qui sont infligés sous ses lois. Dans un sens reculé et indirect, c'est bien lui qui pend et qui roue, puisque toute autorité et toute exécution légale part de lui; mais, dans le sens direct et

_____

(1) *Deus est auctor mali quod est pœna, non autem mali quod est culpa.* (S. Thom.. *S, Theol.*, p. 1, quæst. 49, art. 11.)

immédiat, c'est le voleur, c'est le faussaire, c'est l'assassin, etc., qui sont les véritables auteurs de ce mal qui les punit; ce sont eux qui bâtissent les prisons, qui élèvent les gibets et les échafauds. En tout cela le souverain agit, comme la Junon d'Homère, de son plein gré, mais fort à contre-cœur (1). Il en est de même de Dieu (en excluant toute comparaison rigoureuse qui serait insolente). Non seulement il ne saurait être, dans aucun sens, l'auteur du mal moral, ou du péché; mais l'on ne comprend pas même qu'il puisse être originairement l'auteur du mal physique, qui n'existerait pas si la créature intelligente ne l'avait rendu nécessaire en abusant de sa liberté. Platon l'a dit, et rien n'est plus évident de soi : « L'être bon ne peut vouloir nuire à personne (2). » Mais comme on ne s'avisera jamais de soutenir que l'homme de bien cesse d'être tel parce qu'il châtie justement son fils, ou parce qu'il tue un ennemi sur le champ de bataille, ou parce qu'il envoie un scélérat au supplice, gardons-nous, comme vous le disiez tout à l'heure, monsieur le comte, d'être moins équitables envers Dieu qu'envers les hommes. Tout esprit droit est convaincu par intuition que le mal ne saurait venir d'un Etre tout-puissant. Ce fut ce sentiment infaillible qui enseigna jadis au bon sens romain de réunir, comme par un lien né-

(1) Ἑκὼν ἀέκοντί γε θυμῷ. *Iliad.*, IV, 43.
(2) *Probus invidet nemini.* In Tim.

cessaire, les deux titres augustes de TRÈS BON et de TRÈS GRAND. Cette magnifique expression, quoique née dans le sein du paganisme, a paru si juste, qu'elle a passé dans votre langue religieuse, si délicate et si exclusive. Je vous dirai même en passant qu'il m'est arrivé plus d'une fois de songer que l'inscription antique, IOVI OPTIMO MAXIMO, pourrait se placer tout entière sur le fronton de vos temples latins; car qu'est-ce que IOV-I, sinon IOV-AH?

LE COMTE. — Vous sentez bien que je n'ai pas envie de disputer sur tout ce que vous venez de dire. Sans doute, le mal physique n'a pu entrer dans l'univers que par la faute des créatures libres; il ne peut y être que comme remède ou expiation, et par conséquent il ne peut avoir Dieu pour auteur direct; ce sont des dogmes incontestables pour nous. Maintenant je reviens à vous, monsieur le chevalier. Vous conveniez tout à l'heure qu'on chicanait mal à propos la Providence sur la distribution des biens et des maux, mais que le scandale roule surtout sur l'impunité des scélérats. Je doute cependant que vous puissiez renoncer à la première objection sans abandonner la seconde; car s'il n'y a point d'injustice dans la distribution des maux, sur quoi fonderez-vous les plaintes de la vertu? Le monde n'étant gouverné que par des lois générales, vous n'avez pas, je crois, la prétention que, si les fondements de la terrasse où nous parlons étaient mis subitement en l'air par quelque éboulement souterrain, Dieu fût obligé de suspendre en notre faveur les lois de la gravité, parce que cette terrasse porte dans ce moment trois hommes qui n'ont jamais tué ni volé ; nous tomberions certainement, et nous serions écrasés. Il en serait de même si nous avions été membres de la loge des illuminés de Bavière, ou du comité du salut public. Voudriez-vous lorsqu'il grêle que le champ du juste fût épargné ? Voilà donc un miracle. Mais si, par hasard, ce juste venait à commettre un crime après la récolte, il faudrait encore qu'elle pourrît dans ses greniers : voilà un autre miracle. De sorte que chaque instant exigeant un miracle, le miracle deviendrait l'état ordinaire du monde ; c'est-à-dire qu'il ne pourrait plus y avoir de miracle ; que l'exception serait la règle, et le désordre l'ordre. Exposer de pareilles idées, c'est les réfuter suffisamment.

Ce qui nous trompe encore assez souvent sur ce point, c'est que nous ne pouvons nous empêcher de prêter à Dieu, sans nous en apercevoir, les idées que nous avons sur la dignité et l'importance des personnes. Par rapport à nous, ces idées sont très justes, puisque nous sommes tous soumis à l'ordre établi dans la société ; mais lorsque nous les transportons dans l'ordre général, nous ressemblons à cette reine qui disait : « Quand il s'agit de damner les gens de notre espèce, croyez que Dieu y pense plus d'une fois. » Élisabeth de France monte sur l'échafaud ; Robespierre y monte un instant après. L'ange et le monstre s'étaient soumis en entrant dans le monde à toutes les lois générales qui le régissent. Aucune exp ession ne saurait caractériser le crime des . lérats qui firent couler le sang le plus pur comme le plus auguste de l'univers ; cependant, par rapport à l'ordre général, il n'y a point d'injustice ; c'est toujours un malheur attaché à la condition de l'homme, et rien de plus. Tout homme, en qualité d'homme, est sujet à tous les malheurs de l'humanité : la loi est générale ; donc elle n'est pas injuste. Prétendre que la dignité ou les dignités d'un homme doivent le soustraire à l'action d'un tribunal inique ou trompé, c'est précisément vouloir qu'elles l'exemptent de l'apoplexie, par exemple, ou même de la mort.

Observez cependant que, malgré ces lois générales et nécessaires, il s'en faut de beaucoup que la prétendue égalité, sur laquelle j'ai insisté jusqu'à présent, ait lieu réellement. Je l'ai supposée, comme je vous l'ai dit, pour me donner plus beau jeu ; mais rien n'est plus faux, et vous allez le voir.

Commencez d'abord par ne jamais considérer l'individu : la loi générale, la loi visible et visiblement juste est que la plus grande masse de bonheur, même temporel, appartient, non pas à l'homme vertueux, mais à la vertu. S'il en était autrement, il n'y aurait plus ni vice ni vertu, ni mérite ni démérite, et par conséquent plus d'ordre moral. Supposez que chaque action vertueuse soit payée, pour ainsi dire, par quelque avantage temporel, l'acte, n'ayant plus rien de surnaturel, ne pourrait plus mériter une récompense de ce genre. Supposez, d'un autre côté, qu'en vertu d'une loi divine, la main d'un voleur doive tomber au moment où il commet un vol, on s'abstiendra de voler comme on s'abstiendrait de porter la main sous la hache d'un boucher; l'ordre moral disparaîtrait entièrement. Pour accorder donc cet ordre (le seul possible pour des êtres intelligents, et qui est d'ailleurs prouvé par le fait) avec les lois de la justice, il fallait que la vertu fût récompensée et le vice puni, même temporellement, mais non toujours, ni sur-le-champ; il fallait que le lot incomparablement plus grand de bonheur temporel fût attribué à la vertu, et le lot proportionnel de malheur, dévolu au vice; mais que l'individu ne fût jamais sûr de rien : et c'est en effet ce qui est établi. Imaginez toute autre hypothèse; elle vous mènera directement à la destruction de l'ordre moral, ou à la création d'un autre monde.

Pour en venir maintenant au détail, commençons, je vous prie, par la justice humaine. Dieu ayant voulu faire gouverner les hommes par les hommes, du moins extérieurement, il a remis aux souverains l'éminente prérogative de la punition des crimes, et c'est en cela surtout qu'ils sont ses représentants. J'ai trouvé sur ce sujet un morceau admirable dans les lois de

Menou; permettez-moi de vous le lire dans le troisième volume des *Œuvres du chevalier Williams Jones*, qui est là sur ma table.

LE CHEVALIER. — Lisez, s'il vous plaît; mais avant, ayez la bonté de me dire ce que c'est que le roi Menou, auquel je n'ai jamais eu l'honneur d'être présenté.

LE COMTE. — Menou, monsieur le chevalier, est le grand législateur des Indes. Les uns disent qu'il est fils du Soleil, d'autres veulent qu'il soit fils de Brahma, la première personne de la Trinité indienne (1). Entre ces deux opinions, également probables, je demeure suspendu sans espoir de me décider. Malheureusement encore il m'est également impossible de vous dire à quelle époque l'un ou l'autre de ces deux pères engendra Menou. Le chevalier Jones, de docte mémoire, croit que le code de ce législateur est peut-être antérieur au Pentateuque et certainement au moins antérieur à tous les législateurs de la Grèce (2). Mais M. Pinkerton, qui a bien aussi quelque droit à notre confiance, a pris la liberté de se moquer des Brahmes, et s'est cru en état de leur prouver que Menou pourrait fort bien n'être qu'un homme légiste du XIIIᵉ siècle (3). Ma coutume n'est pas de disputer pour d'aussi légères différences;

(1) *Maurice's History of Indostan.* London, in-4, t. I, p. 53-54; et t. II, p. 57.

(2) *Sir William's Jones' works*, t. III.

(3) *Géogr.*, t. VI de la traduction française, pages 260-261.

ainsi, messieurs, je vais vous lire le morceau en question, dont nous laisserons la
date en blanc : écoutez bien.

« Brahma, au commencement des temps,
créa pour l'usage des rois le génie des peines, il lui donna un corps de pure lumière :
ce génie est son fils ; il est la justice même
et le protecteur de toutes les choses créées.
Par la crainte de ce génie, tous les êtres
sensibles, mobiles ou immobiles (1), sont
retenus dans l'usage de leurs jouissances
naturelles, et ne s'écartent point de leur
devoir. Que le roi donc, lorsqu'il aura bien
et dûment considéré le lieu, le temps, ses
propres forces et la loi divine, inflige les
peines justement à tous ceux qui agissent
injustement : le châtiment est un gouverneur actif ; il est le véritable administrateur des affaires publiques, il est le dis-
pensateur des lois, et les hommes sages
l'appellent le *répondant* des quatre ordres
de l'État, pour l'exact accomplissement de
leurs devoirs. Le châtiment gouverne l'humanité entière ; le châtiment la préserve ;
le châtiment veille pendant que les gardes
humaines dorment. Le sage considère le
châtiment comme la perfection de la justice. Qu'un monarque indolent cesse de
punir, et le plus fort finira par faire rôtir
le plus faible. La race entière des hommes
est retenue dans l'ordre par le châtiment ;
car l'innocence ne se trouve guère, et c'est
la crainte des peines qui permet à l'uni-

---

(1) *Fixed or locomotives.* Ibid., p. 223.

vers de jouir du bonheur qui lui est destiné. Toutes les classes seraient corrompues, toutes les barrières seraient brisées : il n'y aurait que confusion parmi les hommes si la peine cessait d'être infligée ou l'était injustement ; mais lorsque la Peine, au teint noir, à l'œil enflammé, s'avance pour détruire le crime, le peuple est sauvé si le juge a l'œil juste (1) ».

LE SÉNATEUR. — Admirable ! magnifique ! vous êtes un excellent homme de nous avoir déterré ce morceau de philosophie indienne : en vérité la date n'y fait rien.

LE COMTE. — Il a fait la même impression sur moi. J'y trouve la raison européenne avec une juste mesure de cette emphase orientale qui plaît à tout le monde quand elle n'est pas exagérée : je ne crois pas qu'il soit possible d'exprimer avec plus de noblesse et d'énergie cette divine et terrible prérogative des souverains : « La punition des coupables. »

Mais permettez qu'averti par ces tristes expressions, j'arrête un instant vos regards sur un objet qui choque la pensée sans doute, mais qui est cependant digne de l'occuper.

De cette prérogative redoutable dont je vous parlais tout à l'heure résulte l'existence nécessaire d'un homme destiné à infliger aux crimes les châtiments décernés par la justice humaine ; et cet homme, en effet, se trouve partout, sans qu'il y ait

(1) *Sir William's Jones' works*, t. III, p. 223-224.

aucun moyen d'expliquer comment ; car la raison ne découvre dans la nature de l'homme aucun motif capable de déterminer le choix de cette profession. Je vous crois trop accoutumés à réfléchir, messieurs, pour qu'il ne vous soit pas arrivé souvent de méditer sur le bourreau. Qu'est-ce donc que cet être inexplicable qui a préféré à tous les métiers agréables, lucratifs, honnêtes et même honorables qui se présentent en foule à la force ou à la dextérité humaine, celui de tourmenter et de mettre à mort ses semblables ? Cette tête, ce cœur sont-ils faits comme les nôtres ? ne contiennent-ils rien de particulier et d'étranger à notre nature ? Pour moi, je n'en sais pas douter. Il est fait comme nous extérieurement : il naît comme nous ; mais c'est un être extraordinaire, et pour qu'il existe dans la famille humaine il faut un décret particulier, un FIAT de la puissance créatrice. Il est créé comme un monde. Voyez ce qu'il est dans l'opinion des hommes, et comprenez, si vous pouvez, comment il peut ignorer cette opinion ou l'affronter ! À peine l'autorité a-t-elle désigné sa demeure, à peine a-t-il pris possession, que les autres habitations reculent jusqu'à ce qu'elles ne voient plus la sienne. C'est au milieu de cette solitude et de cette espèce de vide formé autour de lui qu'il vit seul avec sa femelle et ses petits, qui lui font connaître la voix de l'homme : sans eux il n'en connaîtrait que les gémissements... Un signal lugubre est donné ;

un ministre abject de la justice vient frapper à sa porte et l'avertir qu'on a besoin de lui : il part ; il arrive sur une place publique couverte d'une foule pressée et palpitante.

On lui jette un empoisonneur, un parricide, un sacrilège ; il le saisit, il l'étend, il le lie sur une croix horizontale, il lève le bras ; alors il se fait un silence horrible, et l'on n'entend plus que le cri des os qui éclatent sous la barre, et les hurlements de la victime. Il la détache ; il la porte sur une roue : les membres fracassés s'enlacent dans les rayons ; la tête pend ; les cheveux se hérissent, et la bouche, ouverte comme une fournaise, n'envoie plus par intervalle qu'un petit nombre de paroles sanglantes qui appellent la mort. Il a fini : le cœur lui bat, mais c'est de joie ; il s'applaudit, il dit dans son cœur : « Nul ne roue mieux que moi. » Il descend : il tend sa main souillée de sang, et la justice y jette de loin quelques pièces d'or qu'il emporte à travers une double haie d'hommes écartés par l'horreur. Il se met à table, et il mange ; au lit ensuite, et il dort. Et le lendemain, en s'éveillant, il songe à tout autre chose qu'à ce qu'il a fait la veille. Est-ce un homme ? Oui : Dieu le reçoit dans ses temples et lui permet de prier. Il n'est pas criminel ; cependant aucune langue ne consent à dire, par exemple, qu'il est vertueux, qu'il est honnête homme, qu'il est estimable, etc. Nul éloge moral ne peut lui convenir ; car tous supposent des rapports avec les hommes, et il n'en a point.

Et cependant toute grandeur, toute puissante, toute subordination repose sur l'exécuteur : il est l'horreur et le lien de l'association humaine. Otez du monde cet agent incompréhensible ; dans l'instant même l'ordre fait place au chaos, les trônes s'abîment et la société disparaît. Dieu, qui est l'auteur de la souveraineté, l'est donc aussi du châtiment : il a jeté notre terre sur ces deux pôles ; « car Jéhovah est le maître des deux pôles, et sur eux il fait tourner le monde (1). »

Il y a donc dans le cercle temporel une loi divine et visible pour la punition du crime ; et cette loi, aussi stable que la société qu'elle fait subsister, est exécutée invariablement depuis l'origine des choses : le mal étant sur la terre, il agit constamment ; et, par une conséquence nécessaire, il doit être constamment réprimé par le châtiment ; et, en effet, nous voyons sur toute la surface du globe une action constante de tous les gouvernements pour arrêter ou punir les attentats du crime : le glaive de la justice n'a point de fourreau ; toujours il doit menacer ou frapper. Qu'est-ce donc qu'on veut dire lorsqu'on se plaint de l'impunité du crime ? Pour qui sont le knout, les gibets, les roues et les bûchers ? Pour le crime apparemment. Les erreurs

_____

(1) *Domini enim sunt cardines terræ, et posuit super eos orbem.* (Cantique Annæ, I Reg., ii, 8.)

des tribunaux sont des exceptions qui n'é-
branlent point la règle.

..... Tout mal étant un châtiment, il
s'ensuit que nul mal ne saurait être considéré comme nécessaire, et nul mal n'étant
nécessaire, il s'ensuit que tout mal peut
être prévenu ou par la suppression du
crime qui l'avait rendu nécessaire, ou par
la prière qui a la force de prévenir le châtiment ou de le mitiger. L'empire du mal
physique pouvant donc encore être restreint indéfiniment par ce moyen surnaturel, vous voyez.....

LE CHEVALIER. — Permettez-moi de vous
interrompre et d'être un peu impoli, s'il le
faut, pour vous forcer d'être plus clair.
Vous touchez là un sujet qui m'a plus d'une
fois agité péniblement ; mais, pour ce moment, je suspends mes questions sur ce
point. Je voudrais seulement vous faire
observer que vous confondez, si je ne me
trompe, les maux dus immédiatement aux
fautes de celui qui les souffre, avec ceux
que nous transmet un malheureux héritage. Vous disiez *que nous souffrons peut-
être aujourd'hui pour des excès commis il y a
plus d'un siècle* ; or, il me semble que nous
ne devons point répondre de ces crimes,
comme de celui de nos premiers parents.
Je ne crois pas que la foi s'étende jusque-
là ; et si je ne me trompe, c'est bien assez
d'un péché originel, puisque ce péché seul
nous a soumis à toutes les misères de cette
vie. Il me semble donc que les maux physiques qui nous viennent par héritage n'ont

rien de commun avec le gouvernement temporel de la Providence.

LE COMTE. — Prenez garde, je vous prie, que je n'ai point insisté du tout sur cette triste hérédité, et que je ne vous l'ai point donnée comme une preuve directe de la justice que la Providence exerce dans ce monde. J'en ai parlé en passant comme d'une observation qui se trouvait sur ma route ; mais je vous remercie de tout mon cœur, mon cher chevalier, de l'avoir remise sur le tapis, car elle est très digne de nous occuper. Si je n'ai fait aucune distinction entre les maladies, c'est qu'elles sont toutes des châtiments. « Le péché originel, qui explique tout, et sans lequel on n'explique rien, se répète malheureusement à chaque instant de la durée, quoique d'une manière secondaire. Je ne crois pas qu'en votre qualité de chrétien, cette idée, lorsqu'elle vous sera développée exactement, ait rien de choquant pour votre intelligence. Le péché originel est un mystère sans doute ; cependant si l'homme vient à l'examiner de près, il se trouve que ce mystère a, comme les autres, des côtés plausibles, même pour notre intelligence bornée. » Laissons de côté la question théologique de l'*imputation*, qui demeure intacte, et tenons-nous-en à cette observation vulgaire, qui s'accorde si bien avec nos idées les plus naturelles, *que tout être qui a la faculté de se propager ne saurait produire qu'un être semblable à lui*. La règle ne souffre pas d'exception ; elle est écrite sur toutes les parties de l'univers. Si donc un être est dégradé, sa postérité ne sera plus semblable à l'état primitif de cet être, mais bien à l'état où il a été ravalé par une cause quelconque. Cela se conçoit très clairement, et la règle a lieu dans l'ordre physique comme dans l'ordre moral.

Mais il faut bien observer qu'il y a entre l'homme *infirme* et l'homme *malade* la même différence qui a lieu entre l'homme *vicieux* et l'homme *coupable*. La maladie aiguë n'est pas transmissible ; mais celle qui vicie les humeurs devient *maladie originelle*, et peut gâter toute une race. Il en est de même des maladies morales. Quelques-unes appartiennent à l'état ordinaire de l'imperfection humaine ; mais il y a telle prévarication ou telles suites de prévarication qu peuvent dégrader absolument l'homme C'est un *péché originel* du second ordre, mais qui nous représente, quoique imparfaitement, le premier. De là viennent les sauvages qui ont fait dire tant d'extravagances et qui ont surtout servi de texte éternel à J.-J. Rousseau, l'un des plus dangereux sophistes de son siècle, et cependant le plus dépourvu de véritable science, de sagacité et surtout de profondeur, avec une profondeur apparente qui est toute dans les mots. Il a constamment pris le sauvage pour l'homme primitif, tandis qu'il n'est et ne peut être que le descendant d'un homme détaché du grand arbre de la civilisation par une prévarication quelconque, mais d'un genre qui ne peut plus être répété, autant qu'il m'est permis d'en juger ; car je doute qu'il se forme de nouveaux sauvages.

Par une suite de la même erreur on a pris les langues de ces sauvages pour des langues commencées, tandis qu'elles sont et ne peuvent être que des débris de langues antiques, *ruinées*, s'il est permis de s'exprimer ainsi, et dégradées comme les hommes qui les parlent. En effet, toute dégradation individuelle ou nationale est sur-le-champ annoncée par une dégradation rigoureusement proportionnelle dans le langage. Comment l'homme pourrait-il perdre une idée ou seulement la rectitude d'une idée sans perdre la parole ou la justesse de la parole qui l'exprime ; et comment, au contraire, pourrait-il penser ou plus ou mieux sans le manifester sur-le-champ par son langage ?

Il y a donc une *maladie originelle* comme il y a un péché originel, c'est-à-dire qu'en vertu de cette dégradation primitive, nous sommes sujets à toutes sortes de souffrances physiques *en général* ; comme en vertu de cette même dégradation nous sommes sujets à toutes sortes de vice *en général*. Cette maladie originelle n'a donc point d'autre nom. Elle n'est que la capacité de souffrir tous les maux, comme le péché originel (abstraction faite de l'imputation) n'est que la capacité de commettre tous les crimes, ce qui achève le parallèle.

Mais il y a de plus des maladies, comme il y a des prévarications *originelles* du second ordre ; c'est-à-dire que certaines pré-

varications commises par certains hommes
ont pu les dégrader de nouveau *plus ou
moins*, et perpétuer ainsi plus ou moins
dans leur descendance les vices comme
les maladies; il peut se faire que ces grandes prévarications ne soient plus possibles ; mais il n'en est pas moins vrai que
le principe général subsiste et que la Religion chrétienne s'est montrée en possession de grands secrets, lorsqu'elle a tourné
sa sollicitude principale et toute la force
de sa puissance législatrice et institutrice,
sur la reproduction légitime de l'homme,
pour empêcher toute transmission funeste
des pères aux fils. Si j'ai parlé sans distinction des maladies que nous devons immédiatement à nos crimes personnels et
de celles que nous tenons des vices de
nos pères, le tort est léger ; puisque,
comme je vous le disais tout à l'heure, elles
ne sont toutes dans le vrai que les châtiments d'un crime. Il n'y a que cette hérédité qui choque d'abord la raison humaine;
mais en attendant que nous puissions en
parler plus longuement, contentons-nous
de la règle générale que j'ai d'abord rap-
pelée, *que tout être qui se reproduit ne saurait produire que son semblable.* C'est ici,
monsieur le sénateur, que j'invoque votre
conscience intellectuelle : si un homme s'est
livré à de tels crimes ou à une telle suite
de crimes, qu'ils soient capables d'altérer
en lui le principe moral, vous comprenez
que cette dégradation est transmissible,
comme vous comprenez la transmission du

vice scrofuleux ou syphilitique. Au reste, je n'ai nul besoin de ces maux héréditaires. Regardez, si vous voulez, tout ce que j'ai dit sur ce sujet comme une parenthèse de conversation ; tout le reste demeure inébranlable. En réunissant toutes les considérations que j'ai mises sous vos yeux, il ne vous restera, j'espère, aucun doute *que l'innocent, lorsqu'il souffre, ne souffre jamais qu'en sa qualité d'homme ; et que l'immense majorité des maux tombe sur le crime* ; ce qui me suffirait déjà. Maintenant....

LE CHEVALIER. — Il serait fort inutile, du moins pour moi, que vous allassiez plus avant ; car, depuis que vous avez parlé des sauvages, je ne vous écoute plus. Vous avez dit, en passant sur cette espèce d'hommes, un mot qui m'occupe tout entier. Seriez-vous en état de me prouver que les langues des sauvages sont *des restes*, et non des *rudiments* de langues ?

LE COMTE. — Si je voulais entreprendre sérieusement cette preuve, monsieur le chevalier, j'essaierais d'abord de vous prouver que ce serait à vous de prouver le contraire ; mais je crains de me jeter dans cette dissertation qui nous mènerait trop loin. Si cependant l'importance du sujet vous paraît mériter au moins que je vous expose *ma foi*, je la livrerai volontiers et sans détails à vos réflexions futures. Voici donc ce que je crois sur les points principaux dont une simple conséquence a fixé votre attention.

L'essence de toute intelligence est de

connaître et d'aimer. Les limites de sa
science sont celles de sa nature. L'être
immortel n'apprend rien : il sait par essence tout ce qu'il doit savoir. D'un autre
côté, nul être intelligent ne peut aimer le
mal naturellement ou en vertu de son essence ; il faudrait pour cela que Dieu l'eût
créé mauvais, ce qui est impossible. Si
donc l'homme est sujet à l'ignorance et au
mal, ce ne peut être qu'en vertu d'une dégradation accidentelle qui ne saurait être
que la suite d'un crime. Ce besoin, cette
faim de la science, qui agite l'homme, n'est
que la tendance naturelle de son être qui
le porte vers son état primitif, et l'avertit
de ce qu'il est.

Il *gravite*, si je puis m'exprimer ainsi,
vers les régions de la lumière. Nul castor,
nulle hirondelle, nulle abeille n'en veulent
savoir plus que leurs devanciers. Tous les
êtres sont tranquilles à la place qu'ils occupent. Tous sont dégradés, mais ils l'igno-
rent ; l'homme seul en a le sentiment, et
ce sentiment est tout à la fois la preuve
de sa grandeur et de sa misère, de ses
droits sublimes et de son incroyable dégradation. Dans l'état où il est réduit, il
n'a pas même le triste bonheur de s'ignorer : il faut qu'il se contemple sans cesse,
et il ne peut se contempler sans rougir ;
sa grandeur même l'humilie, puisque ses
lumières qui l'élèvent jusqu'à l'ange ne
servent qu'à lui montrer dans lui des pen-
chants abominables qui le dégradent jusqu'à la brute. Il cherche dans le fond de

son être quelque partie saine sans pouvoir la trouver : le mal a tout souillé, *et l'homme entier n'est qu'une maladie* (1). Assemblage inconcevable de deux puissances différentes et incompatibles, centaure monstrueux, il sent qu'il est le résultat de quelque forfait inconnu, de quelque mélange détestable qui a vicié l'homme jusque dans son essence la plus intime. Toute intelligence est par sa nature même le résultat, à la fois ternaire et unique, d'une *perception* qui appréhende, d'une *raison* qui affirme, et d'une *volonté* qui agit. Les deux premières puissances ne sont qu'affaiblies dans l'homme ; mais la troisième *est brisée* (2), et semblable au serpent du Tasse, *elle se traîne après soi* (3), toute honteuse de sa douloureuse impuissance. C'est dans cette troisième puissance que l'homme se sent blessé à mort. Il ne sait ce qu'il veut ; il veut ce qu'il ne veut pas ; il ne veut pas ce qu'il veut ; il *voudrait vouloir*. Il voit dans lui quelque chose qui n'est pas lui et qui est plus fort que lui. Le sage résiste et s'écrie : *Qui me délivrera* (4) ? L'insensé obéit, et il appelle sa lâcheté *bonheur* ; mais

---

(1) Cela est vrai dans tous les sens.

(2) *Fracta et debilitata.* C'est une expression ae Cicéron, si juste, que les Pères du concile de Trente n'en trouvèrent pas de meilleure pour exprimer l'état de la volonté sous l'empire du péché : *Liberum arbitrium fractum atque debilitatum* (Conc. Trid. sess. 6 ad Fam. l. 9).

(3) *E sè dopo sè tira,* Tasso, XV, 48.

(4) Rom. VII, 24.

il ne peut se défaire de cette autre volonté incorruptible dans son essence, quoiqu'elle ait perdu son empire ; et le remords, en lui perçant le cœur, ne cesse de lui crier : *En faisant ce que tu ne veux pas, tu consens à la loi* (1). Qui pourrait croire qu'un tel être ait pu sortir dans cet état des mains du Créateur? Cette idée est si révoltante, que la philosophie seule, j'entends la philosophie païenne, a deviné le péché originel. Le vieux Timée de Locres ne disait-il pas déjà, sûrement d'après son maître Pythagore, *que nos vices viennent bien moins de nous-mêmes que de nos pères et des éléments qui nous constituent?* Platon ne dit-il pas de même *qu'il faut s'en prendre au générateur* plus qu'au *généré?* Et dans un autre endroit n'a-t-il pas ajouté que *le Seigneur, Dieu des dieux* (2), *voyant que les êtres soumis à la génération avaient perdu* (ou détruit en eux) *le don inestimable, avait déterminé de les soumettre à un traitement propre tout à la fois à les punir et à les régénérer.* Cicéron ne s'éloignait pas du sentiment de ces philosophes et de ces initiés qui avaient pensé *que nous étions dans ce monde pour expier quelque crime commis dans un autre.* Il a cité même et adopté quelque part la comparaison d'Aristote, à qui la contemplation de la nature humaine rappelait l'épouvantable supplice d'un malheureux lié à un

(1) Rom. 16.
(2) DEUS DEORUM. Exod. XVIII, II. Deut. X, 17. Esth. XIV. 12. Ps. XLIX, 1. Dan. II, 47 ; III, 90.

cadavre et condamné à pourrir avec lui. Ailleurs il dit expressément *que la nature nous a traités en marâtre plutôt qu'en mère ; et que l'esprit divin qui est en nous est comme étouffé par le penchant qu'elle nous a donné pour tous les vices* (1) ; et n'est-ce pas une chose singulière qu'Ovide ait parlé sur l'homme précisément dans les termes de saint Paul ? Le poëte érotique a dit : « *Je vois le bien, je l'aime, et le mal me séduit* (2) » ; et l'Apôtre si élégamment traduit par Racine, a dit :

> Je ne fais pas le bien que j'aime,
> Et je fais le mal que je hais (3).

Au surplus, lorsque les philosophes que je viens de vous citer, nous assurent que les vices de la nature humaine appartiennent plus *aux pères qu'aux enfants*, il est clair qu'ils ne parlent d'aucune génération en particulier. Si la proposition demeure dans le vague, elle n'a plus de sens ; de

---

(1) V. S. Aug. lib. IV, *contra Pelag.*; et les fragments de Cicéron, in-4°, Elzevir, 1661, p. 1314-1342.

(2) .... *Video meliora, proboque ;*
Deteriora sequor.
(Ovid. Met. VII, 17.)

(3) Voltaire a dit beaucoup moins bien :
On fuit le bien qu'on aime ; on hait le mal qu'on fait.
(*Loi nat.* II.)
Puis il ajoute immédiatement après :
L'homme, on nous l'a tant dit, est une énigme
obscure ;
Mais en quoi l'est-il plus que toute la nature ?
Étourdi que vous êtes, vous venez de le dire.

manière que la nature même des choses
la rapporte à une corruption d'origine, et
par conséquent universelle. Platon nous dit
*qu'en se contemplant lui-même il ne sait s'il
voit un monstre plus double, plus mauvais que
Typhon, ou bien plutôt un être moral, doux et
bienfaisant, qui participe de la nature divine* (1). Il ajoute que l'homme, ainsi tiraillé
en sens contraire, ne peut faire le bien et
vivre heureux *sans réduire en servitude cette
puissance de l'âme où réside le mal, et sans
remettre en liberté celle* qui est le séjour et
l'organe de la vertu. C'est précisément la
doctrine chrétienne, et l'on ne saurait confesser plus clairement le péché originel.
Qu'importent les mots? l'homme est mauvais, horriblement mauvais. Dieu l'a-t-il
créé tel? Non, sans doute, et Platon lui-
même se hâte de répondre *que l'être bon ne
veut ni ne fait de mal à personne.* Nous
sommes donc dégradés, et comment? Cette
corruption que Platon voyait en lui n'était
pas apparemment quelque chose de particulier à sa personne, et sûrement il ne se
croyait pas plus mauvais que ses semblan-
bles. Il disait donc essentiellement comme
David: *Ma mère m'a conçu dans l'iniquité;*
et si ces expressions s'étaient présentées à
son esprit, il aurait pu les adopter sans
difficulté. Or, toute dégradation ne pouvant être qu'une peine, et toute peine supposant un crime, la raison seule se trouve
conduite, comme par force, au péché origi-

(1) Il voyait l'un et l'autre.

nel : car notre funeste inclination au mal étant une vérité de sentiment et d'expérience proclamée par tous les siècles, et cette inclination, toujours plus ou moins victorieuse de la conscience et des lois, n'ayant jamais cessé de produire sur la terre des transgressions de toute espèce, jamais l'homme n'a pu reconnaître et déplorer ce triste état sans confesser par là même le dogme lamentable dont je vous entretiens ; car il ne peut être *méchant* sans être *mauvais*, ni mauvais sans être dégradé, ni dégradé sans être puni, ni puni sans être coupable.

Enfin, messieurs, il n'y a rien de si attesté, rien de si universellement cru sous une forme ou sous une autre, rien enfin de si intrinsèquement plausible que la théorie du péché originel.

Laissez-moi vous dire encore ceci : Vous n'éprouverez, j'espère, nulle peine à concevoir qu'une intelligence originellement dégradée soit et demeure incapable (à moins d'une régénération substantielle) de cette contemplation ineffable que nos vieux maîtres appelèrent fort à propos *vision béatifique*, puisqu'elle produit, et que même elle est le bonheur éternel ; tout comme vous concevrez qu'un œil matériel, substantiellement vicié, peut être incapable, dans cet état, de supporter la lumière du soleil. Or, cette incapacité de jouir du SOLEIL est, si je ne me trompe, l'unique suite du péché originel que nous soyons tenus de regarder comme naturelle et indépendante de toute transgression actuelle (1). La raison peut, ce me semble, s'élever jusque-là ; et je crois qu'elle a droit de s'en applaudir sans cesser d'être docile.

L'homme ainsi étudié en lui-même, passons à son histoire.

Tout le genre humain vient d'un couple. On a nié cette vérité comme toutes les autres : eh! qu'est-ce que cela fait ?

Nous savons très peu de choses sur les temps qui précédèrent le déluge, et même, suivant quelques conjectures plausibles, il ne nous conviendrait pas d'en savoir davantage. Une seule considération nous intéresse, et il ne faut jamais la perdre de vue, c'est que les châtiments sont toujours proportionnés aux crimes, et les crimes toujours proportionnés aux connaissances du coupable ; de manière que le déluge suppose des crimes inouïs, et que ces crimes supposent des connaissances infiniment au-dessus de celles que nous possédons. Voilà ce qui est certain et qu'il faut approfondir. Ces connaissances, dégagées du mal qui les avait rendues si funestes, survécurent dans la famille jusqu'à la destruction du genre humain. Nous sommes aveuglés sur la nature et la marche de la

_____

(1) La perte de la vue de Dieu, supposé qu'ils la connaissent, ne peut manquer de leur causer habituellement (aux enfants morts sans baptême) une douleur sensible qui les empêche d'être heureux. (Bougeant. Exposition de la doctrine chrétienne, in-12, Paris, 1746, tom. II, chap. II, art. 2, p. 150, et tom. III, sect. IV, chap. III, p. 343.)

science par un sophisme grossier qui a fasciné tous les yeux : c'est de juger du temps où les hommes voyaient les effets dans les causes, par celui où ils s'élèvent péniblement des effets aux causes, où ils ne s'occupent même que des effets, où ils disent qu'il est inutile de s'occuper des causes, ou ils ne savent pas même ce que c'est qu'une cause. On ne cesse de répéter : *Jugez du temps qu'il a fallu pour savoir telle ou telle chose !* Quel inconcevable aveuglement ! Il n'a fallu qu'un instant. Si l'homme pouvait connaître la cause d'un seul phénomène physique, il comprendrait probablement tous les autres. Nous ne voulons pas voir que les vérités les plus difficiles à découvrir, sont très aisées à comprendre. La solution du problème de la *couronne* fit jadis tressaillir de joie le plus profond géomètre de l'antiquité ; mais cette même solution se trouve dans tous les cours de mathématiques élémentaires, et ne passe pas les forces ordinaires d'une intelligence de quinze ans. Platon, parlant quelque part de ce qu'il importe le plus à l'homme de savoir, ajoute tout de suite avec cette simplicité pénétrante qui lui est naturelle : *Ces choses s'apprennent aisément et parfaitement,* SI QUELQU'UN NOUS LES ENSEIGNE (1), voilà le mot. Il est, de plus, évident pour la simple raison que les pre-

_____

(1) Ce qui suit n'est pas moins précieux; *mais,* dit-il, *personne ne nous l'apprendra, à moins que Dieu ne lui montre la route. Epin.* Opp. tom. IX, p. 259

miers hommes qui repeuplèrent le monde
après la grande catastrophe, eurent besoin
de secours extraordinaires pour vaincre les
difficultés de toute espèce qui s'opposaient
à eux (1) ; et voyez, messieurs, le beau caractère de la vérité ! S'agit-il de l'établir ?
les témoins viennent de tout côté et se
présentent d'eux-mêmes : jamais ils ne se
sont parlé, jamais ils ne se contredisent,
tandis que les témoins de l'erreur se contredisent, même lorsqu'ils mentent. Écoutez la sage antiquité sur le compte des
premiers hommes : elle vous dira que ce
furent des hommes merveilleux, et que des
êtres d'un ordre supérieur daignaient les
favoriser des plus précieuses communica-
tions. Sur ce point il n'y a pas de dissonance : les initiés, les philosophes, les
poètes, l'histoire, la fable, l'Asie et l'Europe n'ont qu'une voix. Un tel accord de
la raison, de la révélation, et de toutes les
traditions humaines, forme une démonstration que la bouche seule peut contredire. Non seulement donc les hommes ont
commencé par la science, mais par une

(1) *Je ne doute pas*, disait Hippocrate, *que les arts
n'aient été primitivement des grâces accordées aux
hommes par les dieux.* (Hippocr. Epist. in Opp. ex.
edit. Foesii. Francfort, 1621, in-fol. p. 1274.) Voltaire n'est pas de cet avis : *Pour forger le fer, ou
pour y suppléer, il faut tant de* HASARDS *heureux, tant d'industrie, tant de siècles !* (Essai, etc.
introd. p. 45.) Ce contraste est piquant ; mais je
crois qu'un bon esprit qui réfléchira attentivement sur l'origine des arts et des sciences, ne ba-
lancera pas longtemps entre la *grâce* et le *hasard*.

science différente de la nôtre, et supérieure à la nôtre ; parce qu'elle commençait plus haut, ce qui la rendait même très dangereuse ; et ceci vous explique pourquoi la science dans son principe fut toujours mystérieuse et renfermée dans les temples, où elle s'éteignit enfin, lorsque cette flamme ne pouvait plus servir qu'à brûler. Personne ne sait à quelle époque remontent, je ne dis pas les premières ébauches de la société, mais les grandes institutions, les connaissances profondes, et les monuments les plus magnifiques de l'industrie et de la puissance humaine. A côté du temple de Saint-Pierre à Rome, je trouve les cloaques de Tarquin et les constructions cyclopéennes. Cette époque touche celle des Étrusques, dont les arts et la puissance vont se perdre dans l'antiquité (1), qu'Hésiode appelait *grands et illustres*, neuf siècles avant Jésus-Christ (2), qui envoyèrent des colonies en Grèce et dans nombre d'îles, plusieurs siècles avant la guerre de Troie. Pythagore, voyageant en Egypte six siècles avant notre ère, y apprit la cause de tous les phénomènes de Vénus. Il ne tint même qu'à lui d'y apprendre quelque chose de bien plus curieux, puisqu'on y savait de toute antiquité *que Mercure, pour tirer une déesse*

(1) *Diù ante rem romanam.* Tit. Liv.
(2) Théog. v. 114. Consultez, au sujet des Etrusques, *Carli-Rubbi, Lettere americane,* p. III, lett. ii, p. 94, — 104 de l'édit. in-8° de Milan. *Lanzi. Saggio di lingua etrusca,* etc. 3 vol. in-8°, Roma, 1780.

du plus grand embarras, joua aux échecs avec la lune, et lui gagna la soixante-douzième partie du jour (1). Je vous avoue même qu'en lisant *le Banquet des sept sages*, dans les œuvres morales de Plutarque, je n'ai pu me défendre de soupçonner que les Égyptiens connaissaient la véritable forme des orbites planétaires. Vous pourrez, quand il vous plaira, vous donner le plaisir de vérifier ce texte. Julien, dans l'un de ses fades discours (je ne sais plus lequel), appelle le soleil *le dieu aux sept rayons.* Où avait-il pris cette singulière épithète ? Certainement elle ne pouvait lui venir que des anciennes traditions asiatiques qu'il avait recueillies dans ses études théurgiques ; et les livres sacrés des Indiens présentent un bon commentaire de ce texte, puisqu'on y lit que sept jeunes vierges s'étant rassemblées pour célébrer la venue de *Chrischna*, qui est l'Apollon indien, le dieu apparut tout à coup au milieu d'elles, et leur proposa de danser : mais que ces vierges s'étant excusées sur ce qu'elles manquaient de danseurs, le dieu y pourvut en se divisant lui-même, de manière que chaque fille eût son *Chrischna.* Ajoutez que le véritable

(1) On peut lire cette histoire dans le traité de Plutarque *De Iside et Osiride*, cap. XII. — Il faut remarquer que la soixante-douzième partie du jour multipliée par 360 donne les cinq jours qu'on ajouta, dans l'antiquité, pour former l'année solaire, et que 360 multipliés par ce même nombre donnent celui de 25,920, qui exprime la grande révolution résultant de la précession des équinoxes.

système du monde fut parfaitement connu dans la plus haute antiquité. Songez que les pyramides d'Egypte, rigoureusement orientées, précèdent toutes les époques certaines de l'histoire ; que les arts sont des frères qui ne peuvent vivre et briller qu'ensemble ; que la nation qui a pu créer des couleurs capables de résister à l'action libre de l'air pendant trente siècles, soulever à une hauteur de six cents pieds des masses qui braveraient toute notre mécanique (1), sculpter sur le granit des oiseaux dont un voyageur moderne a pu reconnaître toutes les espèces (2) ; mais que cette nation, dis-je, était *nécessairement* tout aussi éminente dans les autres arts, et savait même *nécessairement* une foule de choses que nous ne savons pas. Si de là je jette les yeux sur l'Asie, je vois les murs de Nemrod élevés sur une terre encore humide des eaux du déluge, et des observations astronomiques aussi anciennes que la ville. Où placerons-nous donc ces prétendus temps de barbarie et d'ignorance ? De plaisants philosophes nous ont dit : *Les siècles ne nous manquent pas* : ils vous manquent très fort ; car l'époque du déluge est là pour étouffer tous les romans de l'imagination ; et les observations géologiques

(1) Voy. les Antiq. égypt., grecq., etc., de Caylus, in-4°, tom. V préface.

(2) Voyez le voyage de Bruce et celui de Hasselquist, cité par M. Bryant. *New system, or an analysis of ancient Mythology, etc.;* in-4°, tom. III p. 301.

qui démontrent le fait en démontrent
aussi la date, avec une incertitude limitée,
aussi insignifiante, dans le temps, que celle
qui reste sur la distance de la lune à nous
peut l'être dans l'espace. Lucrèce même
n'a pu s'empêcher de rendre un témoignage
frappant à la nouveauté de la famille humaine; et la physique, qui pourrait ici se
passer de l'histoire, en tire cependant une
nouvelle force, puisque nous voyons que la
certitude historique finit chez toutes les
nations à la même époque, c'est-à-dire vers
le viiiᵉ siècle avant notre ère. Permis à des
gens qui croient tout, excepté la Bible, de
nous citer les observations chinoises faites
il y a quatre ou cinq mille ans, sur une
terre qui n'existait pas, par un peuple à
qui les jésuites apprirent à faire des alma-
nachs à la fin du xviᵉ siècle ; tout cela ne
mérite plus de discussion : laissons-les
dire. Je veux seulement vous présenter une
observation que peut-être vous n'avez pas
faite : c'est que tout le système des antiquités indiennes ayant été renversé de
fond en comble par les utiles travaux de
l'Académie de Calcutta, et la simple ins-
pection d'une carte géographique démon-
trant que la Chine n'a pu être peuplée qu'a-
près l'Inde, le même coup qui a frappé sur
les antiquités indiennes a fait tomber celles
de la Chine, dont Voltaire surtout n'a cessé
de nous assourdir.

L'Asie, au reste, ayant été le théâtre des
plus grandes merveilles, il n'est pas étonnant que ses peuples aient conservé un

penchant pour le merveilleux plus fort que celui qui est naturel à l'homme en général, et que chacun peut reconnaître dans lui-même. De là vient qu'ils ont toujours si peu de goût et de talent pour nos sciences de *conclusions*. On dirait qu'ils se rappellent encore la science primitive et l'ère de l'*intuition*. L'aigle enchaîné demande-t-il une *montgolfière* pour s'élever dans les airs? Non, il demande seulement que ses liens soient rompus. Et qui sait si ces peuples ne sont pas destinés encore à contempler des spectacles qui seront refusés au génie ergoteur de l'Europe? Quoi qu'il en soit, observez, je vous prie, qu'il est impossible de songer à la science moderne sans la voir constamment environnée de toutes les machines de l'esprit et de toutes les méthodes de l'art. Sous l'habit étriqué du nord, la tête perdue dans les volutes d'une chevelure menteuse, les bras chargés de livres et d'instruments de toute espèce, pâle de veilles et de travaux, elle se traîne souillée d'encre et toute pantelante sur la route de la vérité, baissant toujours vers la terre son front sillonné d'algèbre. Rien de semblable dans la haute antiquité. Autant qu'il nous est possible d'apercevoir la science des temps primitifs à une si énorme distance, on la voit toujours libre et isolée, volant plus qu'elle ne marche, et présentant dans toute sa personne quelque chose d'aérien et de surnaturel. Elle livre aux vents des cheveux qui s'échappent d'une *mitre* orientale ; l'*éphod* couvre son sein soulevé par l'inspiration ; elle ne regarde que le ciel ; et son pied dédaigneux semble ne toucher la terre que pour la quitter. Cependant, quoiqu'elle n'ait jamais rien demandé à personne et qu'on ne lui connaisse aucun appui humain, il n'est pas moins prouvé qu'elle a possédé les plus rares connaissances : c'est une grande preuve, si vous y songez bien, que la science antique avait été dispensée du travail imposé à la nôtre, et que tous les calculs que nous établissons sur l'expérience moderne sont ce qu'il est possible d'imaginer de plus faux.

..... Partout où vous verrez un autel, là se trouve la civilisation. *Le pauvre en sa cabane, où le chaume le couvre*, est moins savant que nous, sans doute, mais plus véritablement social, s'il assiste au catéchisme et s'il en profite. Les erreurs les plus honteuses, les plus détestables cruautés ont souillé les annales de Memphis, d'Athènes et de Rome ; mais toutes les vertus réunies honorèrent les cabanes du Paraguay. Or, si la Religion de la famille de Noé dut être nécessairement la plus éclairée et la plus réelle qu'il soit possible d'imaginer, et si c'est dans sa réalité même qu'il faut chercher les causes de sa corruption, c'est une seconde démonstration ajoutée à la première, qui pouvait s'en passer. Nous devons donc reconnaître que l'état de civilisation et de science dans un certain sens, est l'état naturel et primitif de l'homme. Ainsi toutes les tr. litions

orientales commencent par un état de pe
fection et de lumières, je dis encore (
lumières surnaturelles ; et la Grèce, la me
teuse Grèce, *qui a tout osé dans l'histoir*
rendit hommage à cette vérité en plaça
son âge d'or à l'origine des choses. Il n'e
pas moins remarquable qu'elle n'attribu
point aux âges suivants, même à celui (
fer, l'état sauvage ; en sorte que tout (
qu'elle nous a conté de ces premiers hon
mes vivant dans les bois, se nourrissa
de glands, et passant ensuite à l'état s(
cial, la met en contradiction avec ell(
même, ou ne peut se rapporter qu'à d(
cas particuliers, c'est-à-dire à quelque
peuplades dégradées et revenues ensuit
péniblement *à l'état-de nature*, qui est l
civilisation. Voltaire, c'est tout dire, n'a
t-il pas avoué que la devise de toutes le
nations fut toujours : L'AGE D'OR LE PRI
MIER SE MONTRA SUR LA TERRE? Eh bie
toutes les nations ont donc protesté d
concert contre l'hypothèse d'un état prim
tif de barbarie, et sûrement c'est quelqu
chose que cette protestation.

Maintenant, que m'importe l'époque
laquelle telle ou telle branche fut sépar(
de l'arbre? elle l'est, cela me suffit : nt
doute sur la dégradation, et j'ose le dit
aussi, nul doute sur la cause de la dégra
dation, qui ne peut être qu'un crime. U
chef de peuple ayant altéré chez lui le pri
cipe moral par quelques-unes de ces pr(
varications qui, suivant les apparences, n
sont plus possibles dans l'état actuel de

choses, parce que nous n'en savons heureusement plus assez pour devenir coupables à ce point ; ce chef de peuple, dis-je, transmit l'anathème à sa postérité ; et toute force constante étant de sa nature accélératrice, puisqu'elle s'ajoute continuellement à elle-même, cette dégradation pesant sans intervalle sur les descendants, en a fait à la fin ce que nous appelons des *sauvages.*

C'est le dernier degré d'abrutissement que Rousseau et ses pareils appellent *l'état de la nature.* Deux causes extrêmement différentes ont jeté un nuage trompeur sur l'épouvantable état des sauvages : l'une est ancienne, l'autre appartient à notre siècle. En premier lieu l'immense charité du sacerdoce catholique a mis souvent, en nous parlant de ces hommes, ses désirs à la place de la réalité. Il n'y avait que trop de vérité dans ce premier mouvement des Européens qui refusèrent, au siècle de Colomb, de reconnaître leurs semblables dans les hommes dégradés qui peuplaient le nouveau monde. Les prêtres employèrent toute leur influence à contredire cette opinion qui favorisait trop le despotisme barbare des nouveaux maîtres. Ils criaient aux Espagnols : « Point de violences, l'Évangile les » réprouve ; si vous ne savez pas renverser » les idoles dans le cœur de ces malheu- » reux, à quoi bon renverser leurs tristes » autels ? Pour leur faire connaître et ai- » mer Dieu, il faut une autre tactique et

» d'autres armes que les vôtres (1). » Du
sein des déserts arrosés de leur sueur et
de leur sang, ils volaient à Madrid et à
Rome pour y demander des édits et des
bulles contre l'impitoyable avidité qui voulait asservir les Indiens. Le prêtre miséricordieux les exaltait pour les rendre précieux ; il atténuait le mal, il exagérait le
bien, il promettait tout ce qu'il désirait ;
enfin Robertson, qui n'est pas suspect,
nous avertit, dans son histoire d'Amérique,
qu'il faut se défier à ce sujet de tous les écri-
vains qui ont appartenu au clergé, vu qu'ils
sont en général trop favorables aux indigènes.
Une autre source de faux jugements qu'on
a portés sur eux se trouve dans la philosophie de notre siècle, qui s'est servie des
sauvages pour étayer ses vaines et coupables déclamations contre l'ordre social ;

(1) Peut-être l'interlocuteur avait-il en vue les
belles représentations que le père Barthélemy
d'Olmedo adressait à Cortez, et que l'élégant
Solis nous a conservées. *Porque se compadecian*
mal la violencia y el Evangelio ; y aquello en la
substancia, era derribar los aloares y dexar los
idolos en el corazon, etc., etc. (Conquesta de la
nueva Esp. III, 3.) J'ai lu quelque chose sur
l'Amérique : je n'ai pas connaissance d'un seul
acte de violence mis à la charge des prêtres, excepté la célèbre aventure de *Valverde,* qui prouverait, si elle était vraie, *qu'il y avait un fou en*
Espagne dans le seizième siècle ; mais elle porte
tous les caractères intrinsèques de la fausseté. Il
ne m'a pas été possible d'en découvrir l'origine ;
un Espagnol infiniment instruit m'a dit : *Je crois*
que c'est un conte de cet imbécile de Garcilasso.

mais la moindre attention suffit pour nous
tenir en garde contre les erreurs de la
charité et contre celles de la mauvaise foi.
On ne saurait fixer un instant ses regards
sur le sauvage sans lire l'anathème écrit,
je ne dis pas seulement dans son âme,
mais jusque sur la forme extérieure de son
corps. C'est un enfant difforme, robuste et
féroce, en qui la flamme de l'intelligence
ne jette plus qu'une lueur pâle et intermit-
tente. Une main redoutable appesantie sur
ces races dévouées efface en elles les deux
caractères distinctifs de notre grandeur, la
prévoyance et la perfectibilité. Le sauvage
coupe l'arbre pour cueillir le fruit ; il dé-
telle le bœuf que les missionnaires viennent de lui confier, et le fait cuire avec le
bois de la charrue. Depuis plus de trois
siècles il nous contemple sans avoir rien
voulu recevoir de nous, excepté la poudre
pour tuer ses semblables, et l'eau-de-vie
pour se tuer lui-même ; encore n'a-t-il jamais imaginé de fabriquer ces choses : il
s'en repose sur notre avarice, qui ne lui
manquera jamais. Comme les substances
les plus abjectes et les plus révoltantes
sont cependant encore susceptibles d'une
certaine dégénération, de même les vices
naturels de l'humanité sont encore viciés
dans le sauvage. Il est voleur, il est cruel,
il est dissolu, mais il l'est autrement que
nous. Pour être criminels, nous surmon-
tons notre nature : le sauvage la suit, il a
l'appétit du crime, il n'en a point les remords. Pendant que le fils tue son père

pour le soustraire aux ennuis de la vieillesse, sa femme détruit dans son sein le fruit de ses brutales amours pour échapper aux fatigues de l'allaitement. Il arrache la chevelure sanglante de son ennemi vivant; il le déchire, il le rôtit, et le dévore en chantant; s'il tombe sur nos liqueurs fortes, il boit jusqu'à l'ivresse, jusqu'à la fièvre, jusqu'à la mort, également dépourvu de la raison qui commande à l'homme par la crainte, et de l'instinct qui écarte l'animal par le dégoût. Il est visiblement dévoyé; il est frappé dans les dernières profondeurs de son essence morale; il fait trembler l'observateur qui sait voir : mais voulons-nous trembler sur nous-mêmes et d'une manière très salutaire? songeons qu'avec notre intelligence, notre morale, nos sciences et nos arts, nous sommes précisément à l'homme primitif ce que le sauvage est à nous. Je ne puis abandonner ce sujet sans vous suggérer encore une observation importante : le barbare, qui est une espèce de moyenne proportionnelle entre l'homme civilisé et le sauvage, a pu et peut encore être civilisé par une religion quelconque; mais le sauvage proprement dit ne l'a jamais été que par le christianisme. C'est un prodige du premier ordre, une espèce de rédemption, exclusivement réservée au véritable sacerdoce. Eh! comment le criminel condamné à la mort civile pourrait-il rentrer dans ses droits sans lettres de grâce du souverain? et quelles lettres de ce genre ne sont pas contresignées (1) ? Plus vous y réfléchirez, plus vous serez convaincus qu'il n'y a pas moyen d'expliquer ce grand phénomène des peuples sauvages, dont les véritables philosophes ne se sont point assez occupés.

Au reste, il ne faut pas confondre le *sauvage* avec le *barbare*. Chez l'un, le germe de la vie est éteint ou amorti ; chez l'autre, il a reçu la fécondation et n'a plus besoin que du temps et des circonstances pour se développer. De ce moment, la langue qui s'était dégradée avec l'homme renaît avec lui, se perfectionne et s'enrichit. Si l'on veut appeler cela *langue nouvelle*, j'y consens : l'expression est juste dans un sens ; mais ce sens est bien différent de celui qui est adopté par les sophistes modernes, lorsqu'ils parlent de langues *nouvelles* ou *inventées*.

Nulle langue n'a pu être inventée, ni par un homme qui n'aurait pu se faire obéir, ni par plusieurs qui n'auraient pu s'entendre. Ce qu'on peut dire de mieux sur la parole,

---

(1) J'applaudis de tout mon cœur à ces grandes vérités. Tout peuple s'appelle LO-HAMMI ; et jusqu'à ce qu'il lui ait été dit : *Vous êtes mon peuple*, jamais il ne pourra dire : *Vous êtes mon Dieu !* (Osée II, 24.)

On peut lire un très bon morceau sur les sauvages dans le *Journal du Nord*. Septembre 1807, n° XXXV, p. 704 et suiv. Robertson (Histoire de l'Amérique, tome II, l. 4) a parfaitement décrit l'abrutissement du sauvage. C'est un portrait également vrai et hideux.

c'est ce qui a été dit de celui qui s'appelle PAROLE. *Il s'est élancé avant tous les temps du sein de son principe ; il est aussi ancien que l'éternité... Qui pourra raconter son origine* (1) ? Déjà, malgré les tristes préjugés du siècle, un physicien,... oui, en vérité, un physicien a pris sur lui de convenir avec une timide intrépidité, *que l'homme avait parlé d'abord, parce qu'on lui avait parlé*. Dieu bénisse la particule *on*, si utile dans les occasions difficiles. En rendant à ce premier effort toute la justice qu'il mérite, il faut cependant convenir que tous ces philosophes du dernier siècle, sans excepter même les meilleurs, sont des poltrons qui ont peur des esprits.

Rousseau, dans une de ses rapsodies sonores, montre aussi quelque envie de parler raison. Il avoue que les langues lui paraissent une assez belle chose. La parole, cette *main de l'esprit*, comme dit Charron, le frappe d'une certaine admiration ; et, tout considéré, il ne comprend pas bien clairement comme elle a été inventée. Mais le grand Condillac a pitié de cette modestie. Il s'étonne *qu'un homme d'esprit comme monsieur Rousseau* ait cherché des difficultés où il n'y en a point ; qu'il n'ait pas vu que les langues se sont formées insensiblement, et que chaque homme y a mis du sien.....

(1) *Egressus ejus ab initio, à diebus æternitatis..... Generationem ejus quis enarrabit!* Michée, V, 2. Isaïe, LIII, 8.

LA GUERRE

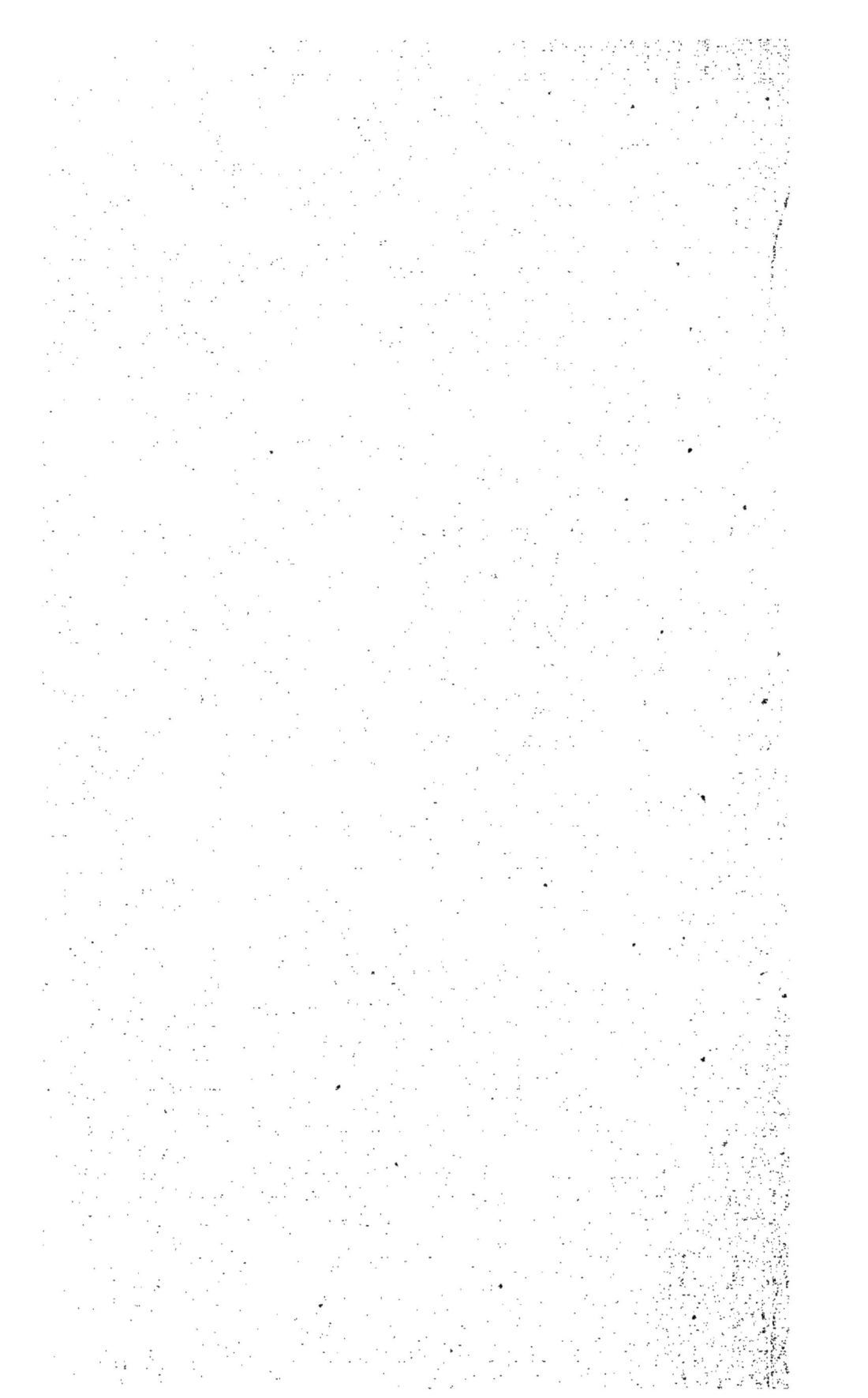

LA GUERRE

LE CHEVALIER. — Pour cette fois, monsieur le sénateur, j'espère que vous dégagerez votre parole, et que vous nous lirez quelque chose sur la guerre.

LE SÉNATEUR. — Je suis tout prêt, car c'est un sujet que j'ai beaucoup médité. Depuis que je pense, je pense à la guerre ; ce terrible sujet s'empare de toute mon attention, et jamais je ne l'ai assez approfondi.

Le premier mal que je vous en dirai vous étonnera sans doute ; mais pour moi, c'est une vérité incontestable : « L'homme étant donné avec sa raison, ses sentiments et ses affections, il n'y a pas moyen d'expliquer comment la guerre est possible humainement. » C'est mon avis très réfléchi. La Bruyère décrit quelque part cette grande extravagance humaine avec l'énergie que vous connaissez. Il y a bien des années que j'ai lu ce morceau ; cependant je me le rappelle parfaitement : il insiste beaucoup sur la folie de la guerre ; mais plus elle est folle, moins elle est explicable.

LE CHEVALIER. — Il me semble cependant

qu'on pourrait dire, avant d'aller plus loin, que les rois commandent et qu'il faut marcher.

LE SÉNATEUR. — Oh! pas du tout, mon cher chevalier, je vous en assure. Toutes les fois qu'un homme, qui n'est pas absolument un sot, vous présente une question comme très problématique après y avoir suffisamment songé, défiez-vous de ces solutions subites qui s'offrent à l'esprit de celui qui s'en est ou légèrement ou point du tout occupé : ce sont ordinairement de simples aperçus sans consistance, qui n'expliquent rien et ne tiennent pas devant la réflexion. Les souverains ne commandent efficacement et d'une manière durable que dans le cercle des choses avouées par l'opinion ; et ce cercle, ce n'est pas eux qui le tracent. Il y a dans tous les pays des choses bien moins révoltantes que la guerre, et qu'un souverain ne se permettrait jamais d'ordonner. Souvenez-vous d'une plaisanterie que vous me fîtes un jour sur une nation qui a une académie des sciences, un observatoire astronomique et un calendrier faux. Vous m'ajoutiez, en prenant votre sérieux, ce que vous aviez entendu dire à un homme d'État de ce pays : « Qu'il ne serait pas sûr du tout de vouloir innover sur ce point ; et que sous le dernier gouvernement, si distingué par ses idées libérales (comme on dit aujourd'hui), on n'avait jamais osé entreprendre ce changement. » Vous me demandâtes même ce que j'en pensais. Quoi qu'il en soit, vous voyez qu'il

y a des sujets bien moins essentiels que la
guerre, sur lesquels l'autorité sent qu'elle
ne doit point se compromettre; et prenez
garde, je vous prie, qu'il ne s'agit pas d'ex
pliquer la possibilité, mais la facilité de la
guerre. Pour couper des barbes, raccourci
des habits, Pierre Iᵉʳ eut besoin de toute la
force de son invincible caractère; pour
amener d'innombrables légions surle champ
de bataille, même à l'époque où il étai
battu pour apprendre à battre, il n'eut be
soin, comme tous les autres souverains, que
de parler. Il y a cependant dans l'homme
malgré son immense dégradation, un élé
ment d'amour qui le porte vers ses sembla
bles : la compassion lui est aussi naturell
que la respiration. Par quelle magie incon
cevable est-il toujours prêt, au premier cou
de tambour, à se dépouiller de ce carac
tère sacré pour s'en aller sans résistance
souvent même avec une certaine allégresse
qui a aussi son caractère particulier, mettr
en pièces, sur le champ de bataille, so
frère qui ne l'a jamais offensé, et qui s'a
vance de son côté pour lui faire subir l
même sort, s'il le peut ? Je concevrais en
core une guerre nationale; mais combie
y a-t-il de guerres de ce genre? une en mill
ans, peut-être; pour les autres, surtou
entre nations civilisées, qui raisonnent e
qui savent ce qu'elles font, je déclare n'
rien comprendre. On pourra dire : « L
gloire explique tout »; mais, d'abord, l
gloire n'est que pour les chefs; en secon
lieu, c'est reculer la difficulté; car je dé

mande précisément d'où vient cette gloire extraordinaire attachée à la guerre. J'ai souvent eu une vision dont je veux vous faire part. J'imagine qu'une intelligence, étrangère à notre globe, y vient pour quelque raison suffisante et s'entretient avec quelqu'un de nous sur l'ordre qui règne dans ce monde. Parmi les choses curieuses qu'on lui raconte, on lui dit que la corruption et les vices dont on l'a parfaitement instruite exigent que l'homme, dans de certaines circonstances, meure par la main de l'homme; que ce droit de tuer sans crime n'est confié, parmi nous, qu'au bourreau et au soldat. « L'un, ajoutera-t-on, donne la mort aux coupables, convaincus et condamnés; et ses exécutions sont heureusement si rares, qu'un de ces ministres de mort suffit dans une province. Quant aux soldats, il n'y en a jamais assez; car ils doivent tuer sans mesure et toujours d'honnêtes gens. De ces deux tueurs de profession, le soldat et l'exécuteur, l'un est fort honoré, et l'a toujours été parmi toutes les nations qui ont habité jusqu'à présent ce globe où vous êtes arrivé; l'autre, au contraire, est tout aussi généralement déclaré infâme; devinez, je vous prie, sur qui tombe l'anathème? »

Certainement le génie voyageur ne balancerait pas un instant; il ferait du bourreau tous les éloges que vous n'avez pu lui refuser l'autre jour, monsieur le comte, malgré tous nos préjugés, lorsque vous parliez de ce *gentilhomme*, comme disait

Voltaire. « C'est un être sublime, nous dirait-il ; c'est la pierre angulaire de la société ; puisque le crime est venu habiter votre terre et qu'il ne peut être arrêté que par le châtiment, ôtez du monde l'exécuteur, et tout ordre disparaît avec lui. Quelle grandeur d'âme, d'ailleurs ! quel noble désintéressement ne doit-on pas nécessairement supposer dans l'homme qui se dévoue à des fonctions si respectables sans doute, mais si pénibles et si contraires à votre nature ! car je m'aperçois, depuis que je suis parmi vous, que lorsque vous êtes de sang-froid, il vous en coûte pour tuer une poule. Je suis donc persuadé que l'opinion l'environne de tout l'honneur dont il a besoin, et qui lui est dû à si juste titre. Quant au soldat, c'est à tout prendre un ministre de cruautés et d'injustices. Combien y a-t-il de guerres évidemment justes ? Combien n'y en a-t-il pas d'évidemment injustes ! Combien d'injustices particulières, d'horreurs et d'atrocités inutiles ! J'imagine donc que l'opinion a très justement versé parmi vous autant de honte sur la tête du soldat qu'elle a jeté de gloire sur celle de l'exécuteur impassible des arrêts de la justice souveraine. »

Vous savez ce qui en est, messieurs, et combien le génie se serait trompé ! Le militaire et le bourreau occupent en effet les deux extrémités de l'échelle sociale ; mais c'est dans le sens inverse de cette belle théorie. Il n'y a rien de si noble que le premier, rien de si abject que le second ;

car je ne ferai point un jeu de mots en disant que leurs fonctions ne se rapprochent qu'en s'éloignant ; elles se touchent comme le premier degré dans le cercle touche le 360°, précisément parce qu'il n'y en a pas de plus éloigné (1).....

Mais permettez que je continue. Non seulement l'état militaire s'allie fort bien en général avec la moralité de l'homme, mais, ce qui est tout à fait extraordinaire, c'est qu'il n'affaiblit nullement ces vertus douces qui semblent le plus opposées au métier des armes. Les caractères les plus doux aiment la guerre, la désirent et la font avec passion. Au premier signal, ce jeune homme aimable, élevé dans l'horreur de la violence et du sang, s'élance du foyer paternel et court les armes à la main chercher sur le champ de bataille ce qu'il appelle l'*ennemi*, sans savoir encore ce que c'est qu'un ennemi. Hier, il se serait trouvé mal s'il avait écrasé par hasard le canari de sa sœur ; demain vous le verrez monter sur un monceau de cadavres, pour voir de plus loin, comme disait Charron. Le sang qui ruisselle de toutes parts ne fait que l'animer à répandre le sien et celui des autres ; il s'enflamme par degrés, et il en viendra jusqu'à l'enthousiasme du carnage.

LE CHEVALIER. — Vous ne dites rien de trop. Avant ma vingt-quatrième année ré-

(1) Il me semble, sans pouvoir l'assurer, que cette comparaison heureuse appartient au marquis de Mirabeau, qui l'emploie quelque part dans l'*Ami des hommes*.

volue, j'avais vu trois fois l'enthousiasme du carnage ; je l'ai éprouvé moi-même, et je me rappelle surtout un moment terrible où j'aurais passé au fil de l'épée une armée entière, si j'en avais eu le pouvoir.

LE SÉNATEUR. — Mais si, dans le moment où nous parlons, on vous proposait de saisir la blanche colombe avec le sang-froid d'un cuisinier, puis...

LE CHEVALIER. — Fi donc, vous me faites mal au cœur !

LE SÉNATEUR. — Voilà justement le phénomène dont je vous parlais tout à l'heure. Le spectacle épouvantable du carnage n'endurcit point le véritable guerrier. Au milieu du sang qu'il fait couler, il est humain. Dès qu'il a remis l'épée dans le fourreau, la sainte humanité reprend ses droits, et peut-être que les sentiments les plus exaltés et les plus généreux se trouvent chez les militaires. Rappelez-vous, monsieur le chevalier, le grand siècle de la France. Alors la religion, la valeur et la science s'étant mises pour ainsi dire en équilibre, il en résulta ce beau caractère que tous les peuples saluèrent par une acclamation unanime comme le modèle du caractère européen. Séparez-en le premier élément, l'ensemble, c'est-à-dire toute la beauté, disparaît. On ne remarque point assez combien cet élément est nécessaire à tout, et le rôle qu'il joue là même où les observateurs légers pourraient le croire étranger. L'esprit divin qui s'était particulièrement reposé sur l'Europe adoucissait jusqu'aux fléaux de la justice éternelle, et la guerre européenne marquera toujours dans les annales de l'univers. On se tuait sans doute, on brûlait, on ravageait, on commettait même, si vous voulez, mille et mille crimes inutiles, mais cependant on commençait la guerre au mois de mai ; on la terminait au mois de décembre ; on dormait sous la toile ; le soldat seul combattait le soldat. Jamais les nations n'étaient en guerre, et tout ce qui est faible était sacré à travers les scènes lugubres de ce fléau dévastateur.

C'était cependant un magnifique spectacle que celui de voir tous les souverains d'Europe, retenus par je ne sais quelle modération impérieuse, ne demander jamais à leurs peuples, même dans le moment d'un grand péril, tout ce qu'il était possible d'en obtenir : ils se servaient doucement de l'homme et tous, conduits par une force invisible, évitaient de frapper sur la souveraineté ennemie aucun de ces coups qui peuvent rejaillir : gloire, honneur, louange éternelle à la loi d'amour proclamée sans cesse au centre de l'Europe ! Aucune nation ne triomphait de l'autre ; la guerre antique n'existait plus que dans les livres ou chez les peuples assis à l'ombre de la mort ; une province, une ville, souvent même quelques villages, terminaient, en changeant de maître, des guerres acharnées. Les égards mutuels, la politesse la plus recherchée, savaient se montrer au milieu du fracas des armes. La bombe, dans les airs, évitait le palais des rois ; des danses, des spectacles, servaient plus d'une fois d'intermèdes aux combats. L'officier ennemi invité à ces fêtes venait y parler en riant de la bataille qu'on devait donner le lendemain ; et, dans les horreurs mêmes de la plus sanglante mêlée, l'oreille du mourant pouvait entendre l'accent de la pitié et les formules de la courtoisie. Au premier signal des combats, de vastes hôpitaux s'élevaient de toutes parts : la médecine, la chirurgie, la pharmacie, amenaient leurs nombreux adeptes ; au milieu d'eux s'élevait le génie de saint Jean de Dieu, de saint Vincent de Paul, plus grand, plus fort que l'homme, constant comme la foi, actif comme l'espérance.

Toutes les victimes vivantes étaient recueillies, traitées, consolées ; toute plaie était touchée par la main de la science et par celle de la charité ! Vous parliez tout à l'heure, monsieur le chevalier, des légions d'athées qui ont obtenu des succès prodigieux : je crois que si l'on pouvait enrégimenter des tigres, nous verrions encore de plus grandes merveilles ; jamais le christianisme, si vous y regardez de près, ne vous paraîtra plus sublime, plus digne de Dieu, et plus fait pour l'homme qu'à la guerre. Quand vous dites, au reste, légions d'athées, vous n'entendez pas cela à la lettre ; mais supposez ces légions aussi mauvaises qu'elles peuvent l'être, savez-vous comment on pourrait les combattre avec le plus d'avantage ? ce serait en leur opposant le principe diamétralement contraire à celui qui les aurait constituées. Soyez bien sûrs que des légions d'athées ne tiendraient pas contre des légions fulminantes.

Enfin, messieurs, les fonctions du soldat sont terribles; mais il faut qu'elles tiennent à une grande loi du monde spirituel, et l'on ne doit pas s'étonner que toutes les nations de l'univers se soient accordées à voir dans ce fléau quelque chose encore de plus particulièrement divin que dans les autres ; croyez que ce n'est pas sans une grande et profonde raison que le titre de Dieu des Armées brille à toutes les pages de l'Ecriture Sainte. Coupables mortels, et malheureux, parce que nous sommes coupables ! c'est nous qui rendons nécessaires tous les maux physiques, mais surtout la guerre. Les hommes s'en prennent ordinairement aux souverains, et rien n'est plus naturel. Horace disait en se jouant :

Du délire des rois les peuples sont punis.

Mais J.-B. Rousseau a dit avec plus de gravité et de véritable philosophie :

C'est le courroux des rois qui fait armer la terre,
C'est le courroux du ciel qui fait armer les rois.

Observez de plus que cette loi déjà si terrible de la guerre n'est cependant qu'un chapitre de la loi générale qui pèse sur l'univers.

Dans le vaste domaine de la nature vivante il règne une violence manifeste, une espèce de rage prescrite qui arme tous les êtres, *in mutua funera* : dès que vous sortez du règne insensible, vous trouvez le décret de la mort violente écrit sur les frontières mêmes de la vie. Déjà, dans le règne végétal, on commence à sentir la loi : depuis l'immense catalpa jusqu'au plus humble graminée, combien de plantes meurent et combien sont tuées ! mais, dès que vous entrez dans le règne animal, la loi prend tout à coup une épouvantable évidence. Une force à la fois cachée et palpable se montre continuellement occupée à mettre à découvert le principe de la vie par des moyens violents. Dans chaque grande division de l'espèce animale, elle a choisi un certain nombre d'animaux qu'elle a chargés de dévorer les autres : ainsi il y a des insectes de proie, des reptiles de proie, des oiseaux de proie, des poissons de proie et des quadrupèdes de proie. Il n'y a pas un instant de la durée où l'être vivant ne soit dévoré par un autre. Au-dessus de ces nombreuses races d'animaux est placé l'homme dont la main destructive n'épargne rien de ce qui vit. Il tue pour se nourrir, il tue pour se vêtir, il tue pour se parer, il tue pour attaquer, il tue pour se défendre, il tue pour s'instruire, il tue pour s'amuser, il tue pour tuer. Roi superbe et terrible, il a besoin de tout et rien ne lui résiste. Il sait combien la tête du requin ou du cachalot lui fournira de barriques d'huile ; son épingle déliée pique sur le carton des musées l'élégant papillon qu'il a saisi au vol sur le sommet du Mont-Blanc ou du Chimboraço; il empaille le crocodile, il embaume le colibri; à son ordre, le serpent à sonnettes vient mourir dans la liqueur conservatrice qui doit le montrer intact aux yeux d'une longue suite d'observateurs. Le cheval qui porte son maître à la chasse du tigre se pavane sous la peau de ce même animal; l'homme demande tout à la fois, à l'agneau ses entrailles pour faire résonner une harpe, à la baleine ses fanons pour soutenir le corset de la jeune vierge, au loup sa dent la plus meurtrière pour polir les ouvrages légers de l'art, à l'éléphant ses défenses pour façonner le jouet d'un enfant : ses tables sont couvertes de cadavres. Le philosophe peut même découvrir comment le carnage permanent est prévu et ordonné dans le grand tout. Mais cette loi s'arrêtera-t-elle à l'homme ? non sans doute. Cependant quel être exterminera celui qui les exterminera tous ? Lui. C'est l'homme qui est chargé d'égorger l'homme. Mais comment pourra-t-il accomplir la loi, lui qui est un être moral et miséricordieux; lui qui est né pour aimer; lui qui pleure sur les autres comme sur lui-même, qui trouve du plaisir à pleurer, et qui finit par inventer des fictions pour se faire pleurer; lui enfin à qui il a été déclaré qu'on redemandera jusqu'à la dernière goutte du sang qu'il aura versé injustement (1)? c'est

(1) *Gen.* IX, 5.

la guerre qui accomplira le décret. N'entendez-vous pas la terre qui crie et demande du sang? Le sang des animaux ne lui suffit pas, ni même celui des coupables versé par le glaive des lois. Si la justice humaine les frappait tous, il n'y aurait point de guerre; mais elle ne saurait en atteindre qu'un petit nombre, et souvent même elle les épargne, sans se douter que sa féroce humanité contribue à nécessiter la guerre, si, dans le même temps surtout, un autre aveuglement, non moins stupide et non moins funeste, travaillait à éteindre l'expiation dans le monde. La terre n'a pas crié en vain : la guerre s'allume. L'homme, saisi tout à coup d'une fureur divine, étrangère à la haine et à la colère, s'avance sur le champ de bataille sans savoir ce qu'il veut, ni même ce qu'il fait. Qu'est-ce donc que cette horrible énigme? Rien n'est plus contraire à sa nature, et rien ne lui répugne moins : il fait avec enthousiasme ce qu'il a en horreur. N'avez-vous jamais remarqué que, sur le champ de mort, l'homme ne désobéit jamais? Il pourra bien massacrer Nerva ou Henri IV, mais le plus abominable tyran, le plus insolent boucher de chair humaine n'entendra jamais là : « Nous ne voulons plus vous servir. » Une révolte sur le champ de bataille, un accord pour s'embrasser en reniant un tyran, est un phénomène qui ne se présente pas à ma mémoire. Rien ne résiste, rien ne peut résister à la force qui traîne l'homme au combat; innocent meurtrier, instrument

passif d'une main redoutable, il se plonge
tête baissée dans l'abîme qu'il a creusé
lui-même ; il donne, il reçoit la mort sans
se douter que c'est lui qui a fait la mort (1).

« Ainsi s'accomplit sans cesse, depuis le
» ciron jusqu'à l'homme, la grande loi de
» la destruction violente des êtres vivants.
» La terre entière, continuellement imbibée
» de sang, n'est qu'un autel immense où
» tout ce qui vit doit être immolé sans fin,
» sans mesure, sans relâche, jusqu'à la
» consommation des choses, jusqu'à l'ex-
» tinction du mal, jusqu'à la mort de la
» mort (2).

» Mais l'anathème doit frapper plus direc-
» tement et plus visiblement sur l'homme :
» l'ange exterminateur tourne comme le
» soleil autour de ce malheureux globe, et
» ne laisse respirer une nation que pour en
» frapper d'autres. Mais lorsque les crimes,
» et surtout les crimes d'un certain genre,
» se sont accumulés jusqu'à un point mar-
» qué, l'ange presse sans mesure son vol
» infatigable. Pareil à la torche ardente
» tournée rapidement, l'immense vitesse
» de son mouvement le rend présent à la
» fois sur tous les points de sa redoutable
» orbite. Il frappe au même instant tous
» les peuples de la terre ; d'autres fois,
» ministre d'une vengeance précise et in-

(1) *Infixæ sunt gentes in interitu, quem fecerunt.*
(Ps. ix, 16.)

(2) Car le dernier ennemi qui doit être détruit,
c'est la mort. (S. Paul aux Cor., I, xv, 26.)

» faillible, il s'acha ne sur certaines nations
» et les baigne da: s le sang. N'attendez
» pas qu'elles fassent aucun effort pour
» échapper à leur jugement ou pour l'abré-
» ger. On croit voir ces grands coupables,
» éclairés par leur conscience, qui deman-
» dent le supplice et l'acceptent pour y
» trouver l'expiation. Tant qu'il leur res-
» tera du sang, elles viendront l'offrir; et
» bientôt une rare jeunesse se fera racon-
» ter ces guerres désolatrices produites
» par les crimes de ses pères. »

La guerre est donc divine en elle-même,
puisque c'est une loi du monde.

La guerre est divine par ses conséquences d'un ordre surnaturel tant générales
que particulières ; conséquences peu con-
nues parce qu'elles sont peu recherchées,
mais qui n'en sont pas moins incontestables. Qui pourrait douter que la mort trou-
vée dans les combats n'ait de grands pri-
viléges ? et qui pourrait croire que les victimes de cet épouvantable jugement aient
versé leur sang en vain ? Mais il n'est pas
temps d'insister sur ces sortes de matiè-
res ; notre siècle n'est pas mûr encore pour
s'en occuper : laissons-lui sa physique, et
tenons cependant toujours nos yeux fixés
sur ce monde invisible qui expliquera tout.

La guerre est divine dans la gloire mystérieuse qui l'environne, et dans l'attrait
non moins inexplicable qui nous y porte.

La guerre est divine dans la protection
accordée aux grands capitaines, même aux

plus hasardeux, qui sont rarement frappés
dans les combats, et seulement lorsque
leur renommée ne peut plus s'accroître et
que leur mission est remplie.

La guerre est divine par la manière dont
elle se déclare. Je ne veux excuser personne mal à propos ; mais combien ceux
qu'on regarde comme les auteurs immé-
diats des guerres sont entraînés eux-mêmes par les circonstances ! Au moment
précis amené par les hommes et prescrit
par la justice, Dieu s'avance pour venger
l'iniquité que les habitants du monde ont
commise contre lui. La terre avide de sang,
comme nous l'avons entendu il y a quelques jours, ouvre la bouche pour le recevoir et le retenir dans son sein jusqu'au
moment où elle devra le rendre. Applau-
dissons donc autant qu'on voudra au poëte
estimable qui s'écrie :

> Au moindre intérêt qui divise
> Ces foudroyantes majestés,
> Bellone porte la réponse,
> Et toujours le salpêtre annonce
> Leurs meurtrières volontés.

Mais que ces considérations très infé-
rieures ne nous empêchent point de porter
nos regards plus haut.

La guerre est divine dans ses résultats
qui échappent absolument aux spéculations de la raison humaine : car ils peuvent
être tout différents entre deux nations,
quoique l'action de la guerre se soit montrée égale de part et d'autre. Il y a des

guerres qui avilissent les nations, et les avilissent pour des siècles ; d'autres les exaltent, les perfectionnent de toutes manières, et remplacent même bientôt, ce qui est fort extraordinaire, les pertes momentanées, par un surcroît visible de population. L'histoire nous montre souvent le spectacle d'une population riche et croissante au milieu des combats les plus meurtriers ; mais il y a des guerres vicieuses, des guerres de malédictions, que la conscience reconnaît bien mieux que le raisonnement : les nations en sont blessées à mort, et dans leur puissance et dans leur caractère ; alors vous pouvez voir le vainqueur même dégradé, appauvri, et gémissant au milieu de ses tristes lauriers, tandis que sur les terres du vaincu, vous ne trouverez, après quelques moments, pas un atelier, pas une charrue qui demande un homme.

La guerre est divine par l'indéfinissable force qui en détermine les succès. C'était sûrement sans y réfléchir, mon cher chevalier, que vous répétiez l'autre jour la célèbre maxime, que Dieu est toujours pour les gros bataillons. Je ne croirai jamais qu'elle appartienne réellement au grand homme à qui on l'attribue (1); il peut se faire enfin qu'il ait avancé cette maxime en se jouant, ou sérieusement dans un sens limité et très vrai ; car Dieu, dans le gouvernement temporel de sa providence,

(1) Turenne.

ne déroge point (le cas de miracle excepté)
aux lois générales qu'il a établies pour
toujours. Ainsi, comme deux hommes sont
plus forts qu'un, cent mille hommes doivent avoir plus de force et d'action que
cinquante mille. Lorsque nous demandons
à Dieu la victoire, nous ne lui demandons
pas de déroger aux lois générales de l'univers ; cela serait trop extravagant ; mais
ces lois se combinent de mille manières,
et se laissent vaincre jusqu'à un point
qu'on ne peut assigner. Trois hommes sont
plus forts qu'un seul sans doute : la proposition générale est incontestable ; mais
un homme habile peut profiter de certaines
circonstances, et un seul Horace tuera les
trois Curiaces. Un corps qui a plus de
masse qu'un autre a plus de mouvement,
sans doute, si les vitesses sont égales ;
mais il est égal d'avoir trois de masse et
deux de vitesse, ou trois de vitesse et deux
de masse. De même une armée de 40,000
hommes est inférieure physiquement à
une autre armée de 60,000 ; mais si la première a plus de courage, d'expérience et de
discipline, elle pourra battre la seconde ;
car elle a plus d'action avec moins de
masse, et c'est ce que nous voyons à chaque page de l'histoire. Les guerres, d'ailleurs, supposent toujours une certaine
égalité ; autrement, il n'y a point de guerre.
Jamais je n'ai lu que la république de Ra-
guse ait déclaré la guerre aux sultans, ni
celle de Genève aux rois de France. Toujours il y a un certain équilibre dans l'uni-

vers politique, et même il ne dépend pas
de l'homme de le rompre (si l'on excepte
certains cas rares, précis et limités) ; voilà
pourquoi les coalitions sont si difficiles ;
si elles ne l'étaient pas, la politique étant
si peu gouvernée par la justice, tous les
jours on s'assemblerait pour détruire une
puissance ; mais ces projets réussissent
peu, et le faible même leur échappe avec
une facilité qui étonne dans l'histoire.
Lorsqu'une puissance trop prépondérante
épouvante l'univers, on s'irrite de ne trouver aucun moyen pour l'arrêter ; on se ré-
pand en reproches amers contre l'égoïsme
et l'immoralité des cabinets qui les empêchent de se réunir pour conjurer le danger
commun ; c'est le cri qu'on entendit aux
beaux jours de Louis XIV ; mais, dans le
fond, ces plaintes ne sont pas fondées. Une
coalition entre plusieurs souverains, faite
sur les principes d'une morale pure et dé-
sintéressée, serait un miracle. Dieu, qui ne
le doit à personne et qui n'en fait point
d'inutiles, emploie, pour rétablir l'équilibre,
deux moyens plus simples : tantôt le géant
s'égorge lui-même, tantôt une puissance
bien inférieure jette sur son chemin un
obstacle imperceptible, mais qui grandit
ensuite on ne sait comment, et qui devient
insurmontable ; comme un faible rameau,
arrêté dans le courant d'un fleuve, produit
un atterrissement qui le détourne.

En partant donc de l'hypothèse de l'équilibre, du moins approximatif, qui a toujours
lieu, ou parce que les puissances belligé-

rantes sont égales, ou parce que les plus faibles ont des alliés, combien de circonstances imprévues peuvent déranger l'équilibre et faire avorter ou réussir les plus grands projets, en dépit de tous les calculs de la prudence humaine ! Quatre siècles avant notre ère, des oies sauvèrent le Capitole; neuf siècles après la même époque, sous l'empereur Arnoulf, Rome fut prise par un lièvre. Je doute que, de part ni d'autre, on comptât sur de pareils alliés ou qu'on redoutât de pareils ennemis. L'histoire est pleine de ces événements inconcevables qui déconcertent les plus belles spéculations. Si vous jetez d'ailleurs un coup d'œil plus général sur le rôle que joue à la guerre la puissance morale, vous conviendrez que nulle part la main divine ne se fait sentir plus vivement à l'homme: on dirait que c'est un *département*, passez-moi ce terme, dont la Providence s'est réservé la direction, et dans lequel elle ne laisse agir l'homme que d'une manière à peu près mécanique, puisque les succès y dépendent presque entièrement de ce qui dépend le moins de lui. Jamais il n'est averti plus souvent et plus vivement qu'à la guerre de sa propre nullité et de l'inévitable puissance qui règle tout. C'est l'opinion qui perd les batailles, et c'est l'opinion qui les gagne. *L'intrépide Spartiate sacrifiait à la peur* (Rousseau s'en étonne quelque part, je ne sais pourquoi); Alexandre sacrifia aussi à la peur avant la bataille d'Arbelles. Certes, ces gens-là avaient grandement raison, et pour rectifier cette dévotion pleine de sens, il suffit de prier *Dieu qu'il daigne ne pas nous envoyer la peur*. La peur ! Charles V se moqua plaisamment de cette épitaphe qu'il lut en passant : *Ci-gît qui n'eut jamais peur*. Et quel homme n'a jamais eu peur dans sa vie ? qui n'a point eu l'occasion d'admirer, et dans lui, et autour de lui, et dans l'histoire, la toute-puissante faiblesse de cette passion, qui semble souvent avoir plus d'empire sur nous à mesure qu'elle a moins de motifs raisonnables ? *Prions donc*, monsieur le chevalier, car *c'est à vous, s'il vous plaît, que ce discours s'adresse*, puisque c'est vous qui avez appelé ces réflexions ; prions Dieu de toutes nos forces, qu'il écarte de nous et de nos amis la peur qui est à ses ordres, et qui peut ruiner en un instant les plus belles spéculations militaires.

Et ne soyez pas effarouché de ce mot de *peur* ; car si vous le preniez dans son sens le plus strict, vous pourriez dire que la chose qu'il exprime est rare, et qu'il est honteux de la craindre. Il y a une peur de femme qui s'enfuit en criant ; et celle-là, il est permis, ordonné même de ne pas la regarder comme possible, quoiqu'elle ne soit pas tout à fait un phénomène inconnu. Mais il y a une autre peur bien plus terrible, qui descend dans le cœur le plus mâle, le glace et lui persuade qu'il est vaincu. Voilà le fléau épouvantable toujours suspendu sur les armées. Je faisais, un jour, cette question à un militaire du premier rang, que vous connaissez l'un et l'autre. *Dites-moi, M. le Général, qu'est-ce qu'une bataille perdue? Je n'ai jamais bien compris cela.* Il me répondit après un moment de silence : *Je n'en sais rien.* Et, après un second silence, il ajouta : *C'est une bataille qu'on croit avoir perdue.* Rien n'est plus vrai. Un homme qui se bat avec un un autre est vaincu lorsqu'il est tué ou terrassé, et que l'autre est debout ; il n'en est pas ainsi de deux armées : l'une ne peut être tuée, tandis que l'autre reste en pied. Les forces se balancent ainsi que les morts, et depuis surtout que l'invention de la poudre a mis plus d'égalité dans les moyens de destruction, une bataille ne se perd plus matériellement, c'est-à-dire parce qu'il y a plus de morts d'un côté que de l'autre. Aussi Frédéric II, qui s'y entendait un peu, disait : *Vaincre, c'est avancer.* Mais quel est celui qui avance? c'est celui dont la conscience et la contenance font reculer l'autre. Rappelez-vous, M. le comte, ce jeune militaire de votre connaissance particulière qui vous peignait un jour, dans une de ses lettres, *ce moment solennel où, sans savoir pourquoi, une armée se sent portée en avant, comme si elle glissait sur un plan incliné.* Je me souviens que vous fûtes frappé de cette phrase, qui exprime en effet à merveille le moment décisif; mais ce moment échappe tout à fait à la réflexion, et prenez garde surtout qu'il ne s'agit nullement du nombre dans cette affaire. Le soldat *qui glisse en avant* a-t-il compté les morts? L'opinion est si puissante à la guerre qu'il dépend d'elle de changer la nature d'un même événement, et de lui donner deux noms différents, sans autre raison que son bon plaisir. Un général se jette entre deux corps ennemis, et il écrit à sa cour : *Je l'ai coupé, il est perdu.* Celui-ci écrit à la sienne : *Il s'est mis entre deux feux, il est perdu.* Lequel des deux s'est trompé ? celui qui se laissera saisir par la *froide déesse*. En supposant toutes les circonstances et celle du nombre surtout égales de part et d'autre, au moins d'une manière approximative, montrez-moi entre les deux positions une différence qui ne soit pas purement morale. Le terme de *tourner* est aussi une de ces expressions que l'opinion *tourne* à la guerre comme elle l'entend. Il n'y a rien de si connu que la réponse de cette femme de Sparte à son fils, qui se plaignait d'avoir une épée trop courte : *Avance d'un pas;* mais si le jeune homme avait pu se faire entendre du champ de bataille, et crier à sa mère : *Je suis tourné*, la noble Lacédémonienne n'aurait pas manqué de lui répondre : *Tourne-toi.* C'est l'imagination qui perd les batailles (1).

Ce n'est pas même toujours à beaucoup près le jour où elles se donnent qu'on sait si elles sont perdues ou gagnées : c'est le lendemain, c'est souvent deux ou trois jours après. On parle beaucoup de batailles dans le monde sans savoir ce que c'est; on est

(1) *Et qui primi omnium vincuntur, oculi.*

surtout assez sujet à les considérer comme des points tandis qu'elles couvrent deux ou trois lieues de pays : on vous dit gravement : Comment ne savez-vous pas ce qui s'est passé dans ce combat puisque vous y étiez ? tandis que c'est précisément le contraire qu'on pourrait dire assez souvent. Celui qui est à la droite sait-il ce qui se passe à la gauche ? sait-il seulement ce qui se passe à deux pas de lui ? Je me représente aisément une de ces scènes épouvantables : sur un vaste terrain couvert de tous les apprêts du carnage, et qui semble s'ébranler sous les pas des hommes et des chevaux ; au milieu du feu et des tourbillons de fumée ; étourdi, transporté par le retentissement des armes à feu et des instruments militaires, par des voix qui commandent, qui hurlent ou qui s'éteignent ; environné de morts, de mourants, de cadavres mutilés ; possédé tour à tour par la crainte, par l'espérance, par la rage, par cinq ou six ivresses différentes, que devient l'homme ? que voit-il ? que sait-il au bout de quelques heures ? que peut-il sur lui et sur les autres ? Parmi cette foule de guerriers qui ont combattu tout le jour, il n'y en a souvent pas un seul, et pas même le général, qui sache où est le vainqueur. Il ne tiendrait qu'à moi de vous citer des batailles modernes, des batailles fameuses dont la mémoire ne périra jamais, des batailles qui ont changé la face des affaires en Europe et qui n'ont été perdues que parce que tel ou tel homme a cru qu'elles l'étaient, de manière qu'en supposant toutes les circonstances égales, et pas une goutte de sang de plus versée de part et d'autre, un autre général aurait fait chanter le *Te Deum* chez lui et forcé l'histoire de dire tout le contraire de ce qu'elle dira. Mais, de grâce, à quelle époque a-t-on vu la puissance morale jouer à la guerre un rôle plus étonnant que de nos jours? N'est-ce pas une véritable magie que tout ce que nous avons vu depuis vingt ans? C'est sans doute aux hommes de cette époque qu'il appartient de s'écrier:

Et quel temps fut jamais plus fertile en miracles?

Mais, sans sortir du sujet qui nous occupe maintenant, y a-t-il, dans ce genre, un seul événement contraire aux plus évidents calculs de la probabilité que nous n'ayons vu s'accomplir en dépit de tous les efforts de la prudence humaine? N'avons-nous pas fini même par voir perdre des batailles gagnées? Au reste, messieurs, je ne veux rien exagérer, car vous savez que j'ai une haine particulière pour l'exagération, qui est le mensonge des honnêtes gens. Pour peu que vous en trouviez dans ce que je viens de dire, je passe condamnation sans disputer, d'autant plus volontiers que je n'ai nul besoin d'avoir raison dans toute la rigueur de ce terme. Je crois en général que les batailles ne se gagnent ni ne se perdent point physiquement. Cette proposition n'ayant rien de rigide, elle se prête à toutes les restrictions que vous jugerez convenables, pourvu que vous m'accordiez à votre tour (ce que nul homme sensé ne peut me contester) que la puissance morale a une action immense à la guerre, ce qui me suffit. Ne parlons donc plus de *gros bataillons*, monsieur le chevalier ; car il n'y a pas d'idée plus fausse et plus grossière, si on ne la restreint dans le sens que je crois avoir expliqué assez clairement.

LE COMTE. — Votre patrie, monsieur le sénateur, ne fut pas sauvée par de *gros bataillons*, lorsqu'au commencement du xvii° siècle, le prince Pajarski et un marchand de bestiaux, nommé Mignin, la délivrèrent d'un joug insupportable. L'honnête négociant promit ses biens et ceux de ses amis, en montrant le ciel à Pajarski, qui promit son bras et son sang : ils commencèrent avec mille hommes, et ils réussirent.

LE SÉNATEUR. — Je suis charmé que ce trait se soit présenté à votre mémoire ; mais l'histoire de toutes les nations est remplie de faits semblables qui montrent comment la puissance du nombre peut être produite, excitée, affaiblie ou annulée par une foule de circonstances qui ne dépendent pas de nous. Quant à nos *Te Deum*, si multipliés et souvent si déplacés, je vous les abandonne de tout mon cœur, monsieur le chevalier. Si Dieu nous ressemblait, ils attireraient la foudre ; mais il sait ce que nous sommes et nous traite selon notre ignorance. Au surplus, quoiqu'il y ait des abus sur ce point, comme il y en a dans toutes les choses humaines, la coutume générale n'en est pas moins sainte et louable.

Toujours il faut demander à Dieu des succès et toujours il faut l'en remercier; or, comme rien dans ce monde ne dépend plus immédiatement de Dieu que la guerre; qu'il a restreint sur cet article le pouvoir naturel de l'homme et qu'il aime à s'appeler le *Dieu de la guerre*, il y a toutes sortes de raisons pour nous de redoubler nos vœux lorsque nous sommes frappés de ce fléau terrible; et c'est encore avec grande raison que les nations chrétiennes sont convenues tacitement, lorsque leurs armes ont été heureuses, d'exprimer leur reconnaissance envers le *Dieu des armées* par un *Te Deum*; car je ne crois pas que, pour le remercier des victoires qu'on ne tient que de lui, il soit possible d'employer une plus belle prière; elle appartient à votre Église, monsieur le comte.

EXTRAIT DU NEUVIÈME ENTRETIEN

DES

SOIRÉES DE SAINT-PÉTERSBOURG

—

LE COMTE. — Vous voyez d'ici ces volumes immenses couchés sur mon bureau. C'est là que depuis plus de trente ans j'écris tout ce que mes lectures me présentent de plus frappant. Quelquefois je me borne à de simples indications ; d'autres fois je transcris mot à mot des morceaux essentiels ; souvent je les accompagne de quelques notes, et souvent aussi j'y place ces pensées du moment, ces *illuminations soudaines* qui s'éteignent sans fruit si l'éclair n'est fixé par l'écriture. Portés par le tourbillon révolutionnaire en diverses contrées de l'Europe, jamais ces recueils ne m'ont abandonné ; et, maintenant, vous ne sauriez croire avec quel plaisir je parcours cette immense collection. Chaque passage réveille dans moi une foule d'idées intéressantes et de souvenirs mélancoliques mille fois plus doux que tout ce qu'on est convenu d'appeler *plaisirs*. Je vois des pages datées de Genève, de Rome, de Venise, de Lausanne. Je ne puis rencontrer les noms de ces villes sans me rappeler ceux des excellents amis que j'y ai laissés, et qui jadis consolèrent mon exil. Quelques-uns n'existent plus, mais leur mémoire m'est sacrée. Souvent je tombe sur des feuilles écrites sous ma dictée par un enfant bien-aimé que la tempête a séparé de moi. Seul dans ce cabinet solitaire, je lui tends les bras, et je crois l'entendre qui m'appelle à son tour. Une certaine date me rappelle ce moment où, sur les bords d'un fleuve étonné de se voir pris par les glaces, je mangeai avec un évêque français un dîner que nous avions préparé nous-mêmes. Ce jour-là j'étais gai, j'avais la force de rire doucement avec l'excellent homme qui m'attend aujourd'hui dans un meilleur monde; mais la nuit précédente, je l'avais passée à l'ancre sur une barque découverte, au milieu d'une nuit profonde, sans feu ni lumière, assis sur des coffres avec toute ma famille, sans pouvoir nous coucher ni même nous appuyer un instant, n'entendant que les cris sinistres de quelques bateliers qui ne cessaient de nous menacer, et ne pouvant étendre sur des têtes chéries qu'une misérable natte pour les préserver d'une neige fondue qui tombait sans relâche.....

Mais, bon Dieu ! qu'est-ce donc que je dis, et où vais-je m'égarer ? Monsieur le chevalier, vous êtes plus près ; voulez-vous bien prendre le volume B de mes recueils, et sans me répondre surtout, lisez d'abord le passage de Jennyngs, comme étant le premier en date : vous le trouverez à la page 525. J'ai posé le signet ce matin.

— En effet, le voici tout de suite.

Vue de l'évidence de la religion chrétienne considérée en elle-même, par M. Jennyngs, traduite par M. Le Tourneur. Paris, 1769, in-12. Conclusion, n° 4, p. 517.

« Notre raison ne peut nous assurer que
» quelques souffrances des individus ne
» soient pas nécessaires au bonheur du tout;
» elle ne peut nous démontrer que ce ne soit
» pas de nécessité que viennent le crime et
» le châtiment ; qu'ils ne puissent pas pour
» cette raison être imposés sur nous et
» levés comme une taxe sur le bien général,
» ou que cette taxe ne puisse pas être payée
» par un être aussi bien que par un autre,
» et que, par conséquent, si elle est volon-
» tairement offerte, elle ne puisse pas être
» justement acceptée de l'innocent à la place
» du coupable....... Dès que nous ne con-
» naissons pas la source du mal, nous ne
» pouvons pas juger ce qui est ou n'est pas
» le remède efficace et convenable. Il est à
» remarquer que, malgré l'espèce d'absur-
» dité apparente que présente cette doc-
» trine, elle a cependant été universelle-
» ment adoptée dans tous les âges. Aussi

» loin que l'histoire peut faire rétrograder
» nos recherches dans les temps les plus
» reculés, nous voyons toutes les nations,
» tant civilisées que barbares, malgré la
» vaste différence qui les sépare dans toutes
» leurs opinions religieuses, se réunir dans
» ce point et croire à l'avantage du moyen
» d'apaiser leurs dieux offensés par des
» sacrifices, c'est-à-dire par la substitution
» des souffrances des autres hommes et
» des autres animaux. Jamais cette notion
» n'a pu dériver de la raison, puisqu'elle la
» contredit; ni de l'ignorance, qui n'a ja-
» mais pu inventer un expédient aussi
» inexplicable....... ni de l'artifice des rois
» et des prêtres, dans la vue de dominer
» sur le peuple. Cette doctrine n'a aucun
» rapport avec cette fin. Nous la trouvons
» plantée dans l'esprit des sauvages les
» plus éloignés qu'on découvre de nos
» jours, et qui n'ont ni rois ni prêtres. Elle
» doit donc dériver d'un instinct naturel
» ou d'une révélation surnaturelle, et l'une
» ou l'autre sont également des opérations
» de la puissance divine..... Le Christia-
» nisme nous a dévoilé plusieurs vérités
» importantes dont nous n'avions précé-
» demment aucune connaissance, et parmi
» ces vérités celles-ci : .... *que Dieu veut*
» *bien accepter les souffrances du Christ comme*
» *une expiation des péchés du genre humain...*
» Cette vérité n'est pas moins intelligible
» que celle-ci : .... *Un homme acquitte les*
» *dettes d'un autre homme.* Mais..... pourquoi
» Dieu accepte ces punitions, ou à quelles

» fins elles peuvent servir, c'est sur quoi
» le christianisme garde le silence; et ce
» silence est sage. Mille instructions n'au-
» raient pu nous mettre en état de com-
» prendre ces mystères, et conséquemment
» il n'exige point que nous sachions ou que
» nous croyions rien sur la forme de ces
» mystères. »

Je vais lire maintenant l'autre passage
tiré des *Considérations sur la France*, 2ᵉ édi-
tion, Londres, 1797, in-8ᵉ, chap. 3, page 53.

« Je sens bien que, dans toutes ces con-
» sidérations, nous sommes continuelle-
» ment assaillis par le tableau si fatigant
» des innocents qui périssent avec les cou-
» pables ; mais sans nous enfoncer dans
» cette question qui tient à tout ce qu'il y
» a de plus profond, on peut la considérer
» seulement dans son rapport avec le dogme
» universel et aussi ancien que le monde,
» *de la réversibilité des douleurs de l'innocence*
» *au profit des coupables.*
» Ce fut de ce dogme, ce me semble, que
» les anciens firent dériver l'usage des
» sacrifices qu'ils pratiquèrent dans tout
» l'univers, et qu'ils jugeaient utiles, non
» seulement aux vivants, mais encore aux
» morts; usage typique que l'habitude nous
» fait envisager sans étonnement, mais
» dont il n'est pas moins difficile d'attein-
» dre la racine.
» Les *dévouements*, si fameux dans l'anti-
» quité, tenaient encore au même dogme.
» Décius avait la *foi* que le sacrifice de sa

» vie serait accepté par la divinité, et qu'il
» pouvait faire équilibre à tous les maux
» qui menaçaient sa patrie.

» Le Christianisme est venu consacrer
» ce dogme qui est infiniment naturel à
» l'homme, quoiqu'il paraisse difficile d'y
» arriver par le raisonnement.

» Ainsi, il peut y avoir eu dans le cœur
» de Louis XVI, dans celui de la céleste
» Elisabeth, tel mouvement, telle accepta-
» tion, capable de sauver la France.

» On demande quelquefois à quoi servent
» ces austérités terribles exercées par cer-
» tains ordres religieux, et qui sont aussi
» des *dévouements* : autant vaudrait préci-
» sément demander à quoi sert le Christia-
» nisme, puisqu'il repose tout entier sur ce
» même dogme agrandi, de *l'innocence payant*
» *pour le crime.*

» L'autorité qui approuve ces ordres
» choisit quelques hommes et les isole du
» monde pour en faire des *conducteurs.*

» Il n'y a que violence dans l'univers;
» mais nous sommes gâtés par la philoso-
» phie moderne, qui nous a dit que *tout est*
» *bien*, tandis que le mal a tout souillé, et
» que dans un sens très vrai, *tout est mal*,
» puisque rien n'est à sa place. La note
» tonique du système de notre création
» ayant baissé, toutes les autres ont baissé
» proportionnellement, suivant les règles
» de l'harmonie. *Tous les êtres gémissent* et
» *tendent avec effort et douleur vers un*
» *autre ordre de choses.* »

Je suis persuadé, messieurs, que vous

ne verrez pas sans étonnement deux écrivains parfaitement inconnus l'un à l'autre se rencontrer à ce point, et vous serez sans doute disposés à croire que deux instruments qui ne pouvaient s'entendre n'ont pu se trouver rigoureusement d'accord, que parce qu'ils l'étaient, l'un et l'autre pris à part, avec un instrument supérieur qui leur donne le ton.

Les hommes n'ont jamais douté que l'innocence ne pût satisfaire pour le crime; et ils ont cru de plus qu'il y avait dans le sang une force expiatrice; de manière que la *vie*, qui est le sang, pouvait racheter une autre *vie*.

Examinez bien cette croyance, et vous verrez que si Dieu lui-même ne l'avait mise dans l'esprit de l'homme, jamais elle n'aurait pu commencer. Les grands mots de *superstition* et de *préjugé* n'expliquent rien; car jamais il n'a pu exister d'erreur universelle et constante. Si une opinion fausse règne sur un peuple, vous ne la trouverez pas chez son voisin; ou si quelquefois elle paraît s'étendre, je ne dis pas sur tout le globe, mais sur un grand nombre de peuples, le temps l'efface en passant.

Mais la croyance dont je vous parle ne souffre aucune exception de temps ni de lieu. Nations antiques et modernes, nations civilisées ou barbares, époques de science ou de simplicité, vraies ou fausses religions, il n'y a pas une seule dissonance dans l'univers.

Enfin l'idée du *péché* et celle du *sacrifice*

pour le péché, s'étaient si bien amalgamées dans l'esprit des hommes de l'antiquité, que la langue sainte exprimait l'un et l'autre par le même mot. De là cet hébraïsme si connu, employé par saint Paul, *que le Sauveur a été fait péché pour nous.*

A cette théorie des sacrifices, se rattache encore l'inexplicable usage de la circoncision pratiquée chez tant de nations de l'antiquité; que les descendants d'Isaac et d'Ismaël perpétuent sous nos yeux avec une constance non moins inexplicable, et que les navigateurs de ces derniers siècles ont retrouvé dans l'archipel de la mer Pacifique (nommément à Taïti), au Mexique, à la Dominique, et dans l'Amérique septentrionale, jusqu'au 30ᵉ degré de latitude.

Quelques nations ont pu varier dans la manière; mais toujours on retrouve *une opération douloureuse et sanglante faite sur les organes de la reproduction.* C'est-à-dire : *Anathème sur les générations humaines*, et SALUT PAR LE SANG.

Le genre humain professait ces dogmes depuis sa chute, lorsque la grande victime, *élevée pour attirer tout à elle*, cria sur le Calvaire :

TOUT EST CONSOMMÉ !

Alors le voile du temple étant déchiré, le grand secret du sanctuaire fut connu, autant qu'il pouvait l'être dans cet ordre de choses dont nous faisons partie. Nous comprîmes pourquoi l'homme avait toujours cru qu'une âme pouvait être sauvée par une autre, et pourquoi il avait toujours cherché sa régénération dans le sang.

Sans le Christianisme, l'homme ne sait ce qu'il est, parce qu'il se trouve isolé dans l'univers et qu'il ne peut se comparer à rien ; le premier service que lui rend la religion est de lui montrer ce qu'il vaut, en lui montrant ce qu'il a coûté.

REGARDEZ-MOI; C'EST DIEU QUI FAIT MOURIR UN DIEU

Oui ! regardons-le attentivement, amis qui m'écoutez ? et nous verrons tout dans ce sacrifice : énormité du crime qui a exigé une telle expiation; inconcevable grandeur de l'être qui a pu le commettre; prix infini de la victime qui a dit : *Me voici !*

Maintenant, si l'on considère d'une part que toute cette doctrine de l'antiquité n'était que le cri prophétique du genre humain, annonçant le salut par le sang, et que, de l'autre, le Christianisme est venu justifier cette prophétie, en mettant la réalité à la place du type, de manière que le dogme inné et radical n'a cessé d'annoncer le grand sacrifice qui est la base de la nouvelle révélation, et que cette révélation, étincelante de tous les rayons de la vérité, prouve à son tour l'origine divine du dogme que nous apercevons constamment comme un point lumineux au milieu des ténèbres du Paganisme, il résulte de cet accord une des preuves les plus entraînantes qu'il soit possible d'imaginer.

Mais ces vérités ne se prouvent point par le calcul ni par les lois du mouvement. Celui qui a passé sa vie sans avoir jamais goûté les choses divines ; celui qui a rétréci son esprit et desséché son cœur par de stériles spéculations qui ne peuvent ni le rendre meilleur dans cette vie, ni le préparer pour l'autre; celui-là, dis-je, repoussera ces sortes de preuves, et même il n'y comprendra rien. Il est des vérités que l'homme ne peut saisir qu'avec *l'esprit de son cœur.* Plus d'une fois l'homme de bien est ébranlé, en voyant des personnes dont il estime les lumières se refuser à des preuves qui lui paraissent claires : c'est une pure illusion. Ces personnes manquent d'un sens, et voilà tout. Lorsque l'homme le plus habile n'a pas le sens religieux, non seulement nous ne pouvons pas le vaincre, mais nous n'avons même aucun moyen de nous faire entendre de lui, ce qui ne prouve rien que son malheur. Tout le monde sait l'histoire de cet aveugle-né qui avait découvert, à force de réflexion, *que le cramoisi ressemblait infiniment au son de la trompette* : or, que cet aveugle fût un sot ou qu'il fût un *Saunderson,* qu'importe à celui qui sait ce que c'est que le cramoisi ?

Il faudrait de plus grands détails pour approfondir le sujet intéressant des sacrifices; mais je pourrais abuser de votre patience, et moi-même je craindrais de m'égarer. Il est des points qui exigent, pour être traités à fond, tout le calme d'une discussion écrite. Je crois au moins, mes bons amis, que nous en savons assez sur les souffrances du juste. Ce monde est une milice, un combat éternel. Tous ceux qui ont combattu courageusement dans une bataille sont dignes de louanges sans doute; mais sans doute aussi la plus grande gloire appartient à celui qui en revient blessé. Vous n'avez pas oublié, j'en suis sûr, ce que nous disait l'autre jour un homme d'esprit que j'aime de tout mon cœur. *Je ne suis pas du tout, disait-il, de l'avis de Sénèque, qui ne s'étonnait point si Dieu se donnait de temps en temps le plaisir de contempler un grand homme aux prises avec l'adversité. Pour moi, je vous l'avoue, je ne comprends point comment Dieu peut s'amuser à tourmenter les honnêtes gens.* Peut-être qu'avec ce badinage philosophique il aurait embarrassé Sénèque; mais pour nous il ne nous embarrasserait guère. Il n'y a point de *juste*, comme nous l'avons tant dit; mais s'il est un homme *assez juste* pour mériter les complaisances de son Créateur, qui pourrait s'étonner que Dieu, ATTENTIF SUR SON PROPRE OUVRAGE, prenne plaisir à le perfectionner ? Le père de famille peut rire d'un serviteur grossier qui jure ou qui ment; mais sa main tendrement sévère punit rigoureusement ces mêmes fautes sur le fils unique dont il rachèterait volontiers la vie par la sienne. Si la tendresse ne pardonne rien, c'est pour n'avoir plus rien à pardonner. En mettant l'homme de bien aux prises avec l'infortune, Dieu le purifie de ses fautes passées, le met en garde contre les fautes futures, et le mûrit pour le ciel. Sans doute *il prend plaisir* à le voir échapper à l'inévitable justice qui l'attendait dans un autre monde. Y a-t-il une plus grande joie pour l'amour que la résignation qui le désarme? Et quand on songe de plus que ses souffrances ne sont pas seulement utiles pour le juste, mais qu'elles peuvent, par une sainte acceptation, tourner au profit des coupables, et qu'en souffrant ainsi il *sacrifie* réellement pour tous les hommes, on conviendra qu'il est en effet impossible d'imaginer un spectacle plus digne de la divinité ....

DU PAPE

DU PAPE

LA SOUVERAINETÉ

I

L'homme, en sa qualité d'être à la fois moral et corrompu, juste dans son intelligence et pervers dans sa volonté, doit nécessairement être gouverné ; autrement il serait à la fois sociable et insociable, et la société serait à la fois nécessaire et impossible.

On voit dans les tribunaux la nécessité absolue de la souveraineté ; car l'homme doit être gouverné précisément comme il doit être jugé, et par la même raison, c'est-à-dire parce que, partout où il n'y a pas sentence, il y a combat.

Sur ce point, comme sur tant d'autres, l'homme ne saurait imaginer rien de mieux que ce qui existe, c'est-à-dire une puissance qui mène les hommes par des règles générales, faites non pour un tel cas ou pour un tel homme, mais pour tous les cas, pour tous les temps et pour tous les hommes.

L'homme étant juste, au moins dans son intention, toutes les fois qu'il ne s'agit pas de lui-même, c'est ce qui rend la souveraineté et, par conséquent, la société possibles. Car les cas où la souveraineté est exposée à mal faire volontairement, sont toujours, par la nature des choses, beaucoup plus rares que les autres, précisément, pour suivre encore la même analogie, comme dans l'administration de la justice, les cas où les juges sont tentés de prévariquer, sont nécessairement rares par rapport aux autres. S'il en était autrement, l'administration de la justice serait impossible comme la souveraineté.

Le prince le plus dissolu n'empêche pas qu'on poursuive les scandales publics dans ses tribunaux, pourvu qu'il ne s'agisse pas de ce qui le touche personnellement. Mais comme il est seul au-dessus de la justice, quand même il donnerait malheureusement chez lui les exemples les plus dangereux, les lois générales pourraient toujours être exécutées.

L'homme étant donc nécessairement associé et nécessairement gouverné, sa volonté n'est pour rien dans l'établissement du gouvernement; car, dès que les peuples n'ont pas le choix et que la souveraineté résulte directement de la nature humaine, les souverains n'existent plus par la grâce des peuples ; la souveraineté n'étant pas plus le résultat de leur volonté que la société même.

On a souvent demandé si le roi était fait

pour le peuple, ou celui-ci pour le premier. Cette question suppose, ce me semble, bien peu de réflexion. Les deux propositions sont fausses, prises séparément, et vraies, prises ensemble. Le peuple est fait pour le souverain, le souverain est fait pour le peuple; et l'un et l'autre sont faits pour qu'il y ait une souveraineté.

Le grand ressort, dans la montre, n'est point fait pour le balancier, ni celui-ci pour le premier, mais chacun d'eux pour l'autre; et l'un et l'autre pour montrer l'heure.

Point de souverain sans nation, comme point de nation sans souverain. Celle-ci doit plus au souverain que le souverain à la nation; car elle lui doit l'existence sociale et tous les biens qui en résultent; tandis que le prince ne doit à sa souveraineté qu'un vain éclat qui n'a rien de commun avec le bonheur, et qui l'exclut même presque toujours.

II

Quoique la souveraineté n'ait pas d'intérêt plus grand et plus général que celui d'être juste, et quoique les cas où elle est tentée de ne l'être pas soient sans comparaison moins nombreux que les autres, cependant ils le sont malheureusement beaucoup; et le caractère particulier de certains souverains peut augmenter ces inconvénients, au point que, pour les trouver supportables, il n'y a guère d'autre

moyen que de les comparer à ceux qui auraient lieu, si le souverain n'existait pas.

Il était donc impossible que les hommes
ne fissent pas de temps en temps quelques
efforts pour se mettre à l'abri des excès
de cette énorme prérogative; mais, sur ce
point, l'univers s'est partagé en deux sys-
tèmes d'une diversité tranchante.

La race audacieuse de Japhet n'a cessé (1),
s'il est permis de s'exprimer ainsi, de gra-
viter vers ce qu'on appelle la liberté, c'est-
à-dire vers cet Etat où le gouvernant
est aussi peu gouvernant, et le gouverné
aussi peu gouverné qu'il est possible. Toujours en garde contre ses maîtres, tantôt
l'Européen les a chassés, et tantôt il leur
a opposé des lois. Il a tout tenté, il a épuisé
toutes les formes imaginables de gouvernement, pour se passer de maîtres ou pour
restreindre leur puissance.

L'immense postérité de Sem et de Cham
a pris une autre route. Depuis les temps
primitifs jusqu'à ceux que nous voyons,
toujours elle a dit à un homme : « Faites
tout ce que vous voudrez, et lorsque nous
serons las, nous vous égorgerons. »

Du reste, elle n'a jamais pu ni voulu
comprendre ce que c'est qu'une république; elle n'entend rien à la balance des
pouvoirs, à tous ces privilèges, à toutes
ces lois fondamentales dont nous sommes
si fiers. Chez elle, l'homme le plus riche et
le plus maître de ses actions, le possesseur

---

1) *Audax Iapeti genus.* Horat., I, od. III, 27.

d'une immense fortune mobilière, absolument libre de la transporter où il voudrait, sûr d'ailleurs d'une protection parfaite sur le sol européen, et voyant déjà arriver à lui le cordon ou le poignard, les préfère cependant au malheur de mourir d'ennui au milieu de nous.

Personne sans doute n'imaginera de conseiller à l'Europe le droit public, si court et si clair, de l'Asie et de l'Afrique; mais puisque le pouvoir chez elle est toujours craint, discuté, attaqué ou transporté; puisqu'il n'y a rien de si insupportable à notre orgueil que le gouvernement despotique, le plus grand problème européen est donc de savoir : « Comment on peut restreindre le pouvoir souverain sans le détruire. »

On a bientôt dit : « Il faut des lois fondamentales, il faut une constitution. » Mais qui les établira, ces lois fondamentales, et qui les fera exécuter? le corps ou l'individu qui en aurait la force serait souverain, puisqu'il serait plus fort que le souverain, de sorte que, par l'acte même de l'établissement, il le détrônerait. Si la loi constitutionnelle est une concession du souverain, la question recommence. Qui empêchera un de ses successeurs de la violer? Il faut que le droit de résistance soit attribué à un corps ou à un individu; autrement il ne peut être exercé que par la révolte, remède terrible, pire que tous les maux.

D'ailleurs, on ne voit pas que les nombreuses tentatives faites pour restreindre le pouvoir souverain, aient jamais réussi d'une manière propre à donner l'envie de les imiter. L'Angleterre seule, favorisée par l'Océan qui l'entoure, et par un caractère national qui se prête à ses expériences, a pu faire quelque chose dans ce genre; mais sa constitution n'a point encore subi l'épreuve du temps; et déjà même cet édifice fameux qui nous fait lire dans le fronton, M.DCLXXXVIII, semble chanceler sur ses fondements encore humides. Les lois civiles et criminelles de cette nation ne sont point supérieures à celles des autres. Le droit de se taxer elle-même, acheté par des flots de sang, ne lui a valu que le privilège d'être la nation la plus imposée de l'univers. Un certain esprit soldatesque, qui est la gangrène de la liberté, menace assez visiblement la constitution anglaise; je passe volontiers sous silence d'autres symptômes. Qu'arrivera-t-il? je l'ignore; mais quand les choses tourneraient comme je le désire, un exemple isolé de l'histoire prouverait peu en faveur des monarchies constitutionnelles, d'autant que l'expérience universelle est contraire à cet exemple unique.

Les plus ardents fauteurs du droit de résistance conviennent (et qui pourrait en douter?) qu'il ne saurait être justifié que par la tyrannie. Mais qu'est-ce que la tyrannie? Un seul acte, s'il est atroce, peut-il porter ce nom? S'il en faut plus d'un, combien en faut-il, et de quel genre? Quel pouvoir dans l'État a le droit de décider que le cas de résistance est arrivé? Si le tribunal préexiste, il était donc déjà portion de la souveraineté, et en agissant sur l'autre portion, il l'anéantit; s'il ne préexiste pas, par quel tribunal ce tribunal serait-il établi? Peut-on, d'ailleurs, exercer un droit, même juste, même incontestable, sans mettre dans la balance les inconvénients qui peuvent en résulter? L'histoire n'a qu'un cri pour nous apprendre que les révolutions commencées par les hommes les plus sages sont toujours terminées par les fous; que les auteurs en sont toujours les victimes, et que les efforts des peuples pour créer ou accroître leur liberté finissent presque toujours par leur donner des fers. On ne voit qu'abîmes de tous côtés.

Mais, dira-t-on, voulez-vous donc démuseler le tigre, et vous réduire à l'obéissance passive? Eh bien! voici ce que fera le roi: « Il prendra vos enfants pour conduire ses chariots; il s'en fera des gens de cheval et les fera conduire devant son char; il en fera des officiers et des soldats; il prendra les uns pour labourer ses champs et recueillir ses blés, et autres pour lui fabriquer des armes. Il fera de vos filles des parfumeuses, des cuisinières et des boulangères à son usage; il prendra pour lui et les siens ce qu'il y a de meilleur dans vos champs, dans vos vignes et dans vos vergers, et se fera payer la dîme de vos blés et de vos raisins pour avoir de quoi récompenser ses eunuques et ses domestiques; il prendra vos serviteurs, vos servantes, vos jeunes gens les plus robustes et vos bêtes de somme pour les faire travailler ensemble à son profit ; il prendra aussi la dîme de vos troupeaux et vous serez ses esclaves (1). »

Je n'ai jamais dit que le pouvoir absolu n'entraîne de grands inconvénients sous quelque forme qu'il existe dans le monde. Je le reconnais, au contraire, expressément, et ne pense nullement à les atténuer; je dis seulement qu'on se trouve placé entre deux abîmes.

III

Il n'est pas au pouvoir de l'homme de créer une loi qui n'ait besoin d'aucune exception. L'impossibilité sur ce point résulte également et de la faiblesse humaine, qui ne saurait tout prévoir, et de la nature même des choses, dont les unes varient au point de sortir par leur propre mouvement du cercle de la loi, et dont les autres, disposées par gradations insensibles sous des genres communs, ne peuvent être saisies par un nom général qui ne soit pas faux dans les nuances.

De là résulte dans toute législation la nécessité d'une puissance dispensante. Car partout où il n'y a pas dispense, il y a violation.

Mais toute violation de la loi est dangereuse ou mortelle pour la loi, au lieu que toute dispense la fortifie; car l'on ne peut demander d'en être dispensé sans lui re-

(1) *Reg.*, VIII. 11-17.

tre hommage, et sans avouer que de soi-
même on n'a point de force contre elle.

La loi qui prescrit l'obéissance envers les
souverains est une loi générale comme
toutes les autres; elle est bonne, juste et
nécessaire en général. Mais si Néron est
sur le trône, elle peut paraître un défaut.

Pourquoi donc n'y aurait-il pas dans ces
cas dispense de la loi générale, fondée sur
des circonstances absolument imprévues ?
Ne vaut-il pas mieux agir avec connaissance de cause et au nom de l'autorité, que
de se précipiter sur le tyran avec une im-
pétuosité aveugle, qui a tous les symptômes du crime ?

Mais à qui s'adresser pour cette dispense ?
La souveraineté étant pour nous une chose
sacrée, une émanation de la puissance
divine, que les nations de tous les temps
ont toujours mise sous la garde de la religion, mais que le christianisme surtout a
prise sous sa protection particulière en
nous prescrivant de voir dans le souverain
un représentant et une image de Dieu
même, il n'était pas absurde de penser que,
pour être délié du serment de fidélité, il n'y
avait pas d'autre autorité compétente que
celle de ce haut pouvoir spirituel, unique
sur la terre, et dont les prérogatives sublimes forment une portion de la révélation.

Le serment de fidélité sans restriction
exposant les hommes à toutes les horreurs
de la tyrannie, et la résistance sans règle
les exposant à toutes celles de l'anarchie,

la dispense de ce serment, prononcée par la souveraineté spirituelle, pouvait très bien se présenter à la pensée humaine comme l'unique moyen de contenir l'autorité temporelle, sans effacer son caractère.

Ce serait, au reste, une erreur de croire que la dispense du serment se trouverait, dans cette hypothèse, en contradiction avec l'origine divine de la souveraineté. La contradiction existerait d'autant moins que le pouvoir dispensant étant supposé éminemment divin, rien n'empêcherait qu'à certains égards, et dans des circonstances extraordinaires, un autre pouvoir lui fût subordonné.

Les formes de la souveraineté, d'ailleurs, ne sont point les mêmes partout; elles sont fixées par les lois fondamentales, dont les véritables bases ne sont jamais écrites. Pascal a fort bien dit : « Qu'il y aurait autant d'horreur de détruire la liberté où Dieu l'a mise, que de l'introduire où elle n'est pas. » Car il ne s'agit pas de monarchie dans cette question, mais de souveraineté; ce qui est tout différent.

Cette observation est essentielle pour échapper au sophisme qui se présente si naturellement : La souveraineté est limitée ici ou là; donc elle part du peuple.

En premier lieu, si l'on veut s'exprimer exactement, il n'y a point de souveraineté limitée; toutes sont absolues et infaillibles, puisque nulle part il n'est permis de dire qu'elles se sont trompées.

Quand je dis que nulle souveraineté n'est

limitée, j'entends dans son exercice légitime, et c'est ce qu'il faut bien soigneusement remarquer. Car on peut dire également, sous deux points de vue différents, que toute souveraineté est limitée, et que nulle souveraineté n'est limitée. Elle est limitée, en ce que nulle souveraineté ne peut tout; elle ne l'est pas, en ce que dans son cercle de légitimité, tracé par les lois fondamentales de chaque pays, elle est toujours et partout absolue, sans que personne ait le droit de lui dire qu'elle est injuste ou trompée. La légitimité ne consiste donc pas à se conduire de telle ou telle manière dans son cercle, mais à n'en pas sortir.

C'est ce à quoi on ne fait pas toujours assez d'attention. On dira, par exemple : En Angleterre la souveraineté est limitée; rien n'est plus faux. C'est la royauté qui est limitée dans cette contrée célèbre. Or, la royauté n'est pas toute la souveraineté, du moins en théorie. Mais lorsque les trois pouvoirs qui, en Angleterre, constituent la souveraineté sont d'accord, que peuvent-ils ? Il faut répondre avec Blackstone : Tout. Et que peut-on contre eux légalement ? Rien.

Ainsi, la question de l'origine divine peut se traiter à Londres comme à Madrid ou ailleurs, et partout elle présente le même problème, quoique les formes de la souveraineté varient suivant les pays.

En second lieu, le maintien des formes, suivant les lois fondamentales, n'altère ni l'essence ni les droits de la souveraineté.

Des juges supérieurs qui, pour cause de
sévices intolérables, priveraient un père
de famille du droit d'élever ses enfants,
seraient-ils censés attenter à l'autorité
paternelle et déclarer qu'elle n'est pas
divine ? En retenant une puissance dans
les bornes, le tribunal n'en conteste ni la
légitimité, ni le caractère, ni l'étendue
légale ; il les professe au contraire solennellement.

Le Souverain Pontife, de même, en dé-
liant les sujets du serment de fidélité, ne
ferait rien contre le droit divin. Il pro-
fesserait seulement que la souveraineté
est une autorité divine et sacrée qui ne
peut être contrôlée que par une autorité divine aussi, mais d'un ordre supérieur, et spécialement revêtue de ce
pouvoir en certains cas extraordinaires.

Ce serait un paralogisme de conclure
ainsi : Dieu est auteur de la souveraineté ;
donc elle est incontrôlable. Si Dieu l'a
créée et maintenue telle, je l'accorde ; dans
le cas contraire, je le nie. Dieu est le
maître sans doute de créer une souveraineté restreinte dans son principe même,
ou postérieurement par un pouvoir qu'il
aurait établi à l'époque marquée par ses
décrets; et sous cette forme, elle serait divine.

La France, avant la révolution, avait bien,
je crois, des lois fondamentales auxquelles,
par conséquent, le roi ne pouvait toucher.
Cependant, toute la théologie française
repoussait justement le système de la

souveraineté du peuple comme un dogme antichrétien; donc, telle ou telle restriction, humaine même, n'a rien de commun avec l'origine divine; car il serait singulier vraiment qu'au despotisme seul appartînt cette prérogative sublime.

Et par une conséquence bien plus sensible et plus décisive encore, un pouvoir divin, solennellement et directement établi par la divinité, n'altérerait l'essence d'aucune œuvre divine qu'il pourrait modifier.

Ces idées flottaient dans la tête de nos aïeux, qui n'étaient point en état de se rendre raison de cette théorie et de lui donner une forme systématique. Ils laissèrent seulement entrer dans leur esprit l'idée vague « que la souveraineté temporelle pouvait être contrôlée par ce haut pouvoir spirituel qui avait le droit, dans certains cas, de révoquer le serment du sujet ».

IV

Je ne suis point obligé du tout de répondre aux objections qu'on pourrait élever contre les idées que je viens d'exposer; car je n'entends nullement prêcher le droit indirect des Papes. Je dis seulement que ces idées n'ont rien d'absurde. J'argumente *ad hominem* ou, pour mieux dire, *ad homines*. Je prends la liberté de dire à mon siècle qu'il y a contradiction manifeste entre son enthousiasme constitutionnel et son déchaînement contre les

Papes ; je lui prouve, et rien n'est plus aisé, que sur ce point important, il en sait moins ou n'en sait pas plus que le moyen âge.

Cessons de divaguer, et prenons enfin notre parti de bonne foi sur la grande question de l'obéissance passive ou de la non-résistance. Veut-on poser en principe, « que pour aucune raison imaginable (1), il n'est permis de résister à l'autorité ; qu'il faut remercier Dieu des bons princes et souffrir patiemment les mauvais, en attendant que le grand réparateur des torts, le temps, en fasse justice ; qu'il y a toujours plus de danger à résister qu'à souffrir, etc. » J'y consens, et je suis prêt à signer pour l'avenir.

Mais s'il fallait absolument en venir à poser des bornes légales à la puissance souveraine, j'opinerais de tout mon cœur pour que les intérêts de l'humanité fussent confiés au Souverain Pontife.

Les défenseurs du droit de résistance se sont trop souvent dispensés de poser la question de bonne foi. En effet, il ne s'agit

---

(1) Quand je dis aucune raison imaginable, il va bien sans dire que j'exclus toujours le cas où le souverain commanderait le crime. Je ne serais pas même éloigné de croire qu'il est des circonstances, plus nombreuses qu'on ne le croit, où le mot de résistance n'est synonyme de celui de révolte ; mais je ne puis et je n'aime pas même m'appesantir sur certains détails, d'autant plus que les principes généraux suffisent au but de cet ouvrage.

nullement de savoir si, mais, quand et
comment il est permis de résister. Le problème est tout pratique, et posé de cette
manière, il fait trembler. Mais si le droit
de résister se changeait en droit d'empêcher, et qu'au lieu de résider dans le sujet,
il appartînt à une puissance d'un autre
ordre, l'inconvénient ne serait plus le
même, parce que cette hypothèse admet la
résistance sans révolution et sans aucune
violation de la souveraineté (1).

De plus, ce droit d'opposition reposant
sur une tête connue et unique, il pourrait
être soumis à des règles et exercé avec
toute la prudence et avec toutes les nuances imaginables ; au lieu que, dans la résistance intérieure, il ne peut être exercé
que par les sujets, par la foule, par le peuple en un mot, et, par conséquent, par la
voie seule de l'insurrection.

Ce n'est pas tout : le *veto* du Pape pourrait être exercé contre tous les souverains,
et s'adapterait à toutes les constitutions et
à tous les caractères nationaux. Ce mot de
monarchie limitée est bientôt prononcé. En
théorie, rien n'est plus aisé ; mais quand
on en vient à la pratique et à l'expérience,
on ne trouve qu'un exemple équivoque par
sa durée, et que le jugement de Tacite a
proscrit d'avance (2), sans parler d'une

(1) La déposition absolue et sans retour d'un
prince temporel, cas infiniment rare dans la supposition actuelle, ne serait pas plus une révolution que la mort de ce même souverain.

(2) Delecta ex his et consociata reipublicæ forma

foule de circonstances qui permettent et forcent meme de regarder ce gouvernement comme un phénomène purement local et peut-être passager.

La puissance pontificale, au contraire, est par essence la moins sujette aux caprices de la politique. Celui qui l'exerce est de plus toujours vieux, célibataire et prêtre ; ce qui exclut les quatre-vingt-dix-neuf centièmes des erreurs et des passions qui troublent les Etats. Enfin, comme il est éloigné, que sa puissance est d'une autre nature que celle des souverains temporels, et qu'il ne demande jamais rien pour lui, on pourrait croire assez légitimement que si tous les inconvénients ne sont pas levés, ce qui est impossible, il en resterait du moins aussi peu qu'il est permis de l'espérer, la nature humaine étant donnée ; ce qui est pour tout homme sensé le point de perfection.

Il paraît donc que, pour retenir les souverainetés dans leurs bornes légitimes, c'est-à-dire pour empêcher de violer les lois fondamentales de l'Etat, dont la religion est la première, l'intervention plus ou moins puissante, plus ou moins active de la suprématie spirituelle, serait un moyen pour le moins aussi plausible que tout autre.

On pourrait aller plus loin, et soutenir, avec une égale assurance, que ce moyen

laudari facilius quam evenire, vel si evenerit, haud diuturna esse potest. (Tacite, Ann., IV, 33.)

serait encore le plus agréable ou le moins choquant pour les souverains. Si le prince est libre d'accepter ou de refuser les entraves, certainement il n'en acceptera point; car ni le pouvoir ni la liberté n'ont jamais su dire : C'est assez. Mais à supposer que la souveraineté se vit irrémissiblement forcée à recevoir un frein, et qu'il ne s'agit plus que de le choisir, je ne serais point étonné qu'elle préférât le pape à un sénat colégislatif, à une assemblée nationale, etc.; car les souverains pontifes demandent peu aux princes, et les énormités seules attireraient leur animadversion (1).

V

Les Papes ont lutté quelquefois avec des souverains, jamais avec la souveraineté. L'acte même par lequel ils déliaient les sujets du serment de fidélité déclarait la souveraineté inviolable. Les Papes avertissaient les peuples que nul pouvoir humain ne pouvait atteindre le souverain dont l'autorité n'était suspendue que par une puissance toute divine; de manière que leurs anathèmes, loin de jamais déroger à la ri-

(1) Si les États généraux de France avaient adressé à Louis XIV une prière semblable à celle que les communes d'Angleterre adressèrent, vers la fin du XVIᵉ siècle, au roi Edouard III (*Hum. Ed.*, III, 1377, ch. XVI, in-4°, p. 332), je suis persuadé que sa hauteur en eût été choquée beaucoup plus qu'une bulle donnée sous l'anneau du pêcheur et dirigée à la même fin.

gueur des maximes catholiques sur l'invio-
labilité des souverains, ne servaient au
contraire qu'à leur donner une nouvelle
sanction aux yeux des peuples.

Si quelques personnes regardaient comme
une subtilité cette distinction de souverain et de souveraineté, je leur sacrifierais
volontiers ces expressions dont je n'ai nul
besoin. Je dirais tout simplement que les
coups frappés par le Saint-Siège sur un
petit nombre de souverains, presque tous
odieux et quelquefois même insupporta-
bles par leurs crimes, purent les arrêter
ou les effrayer, sans altérer dans l'esprit
des peuples l'idée haute et sublime qu'ils
devaient avoir de leurs maîtres. Les papes
étaient universellement reconnus comme
délégués de la divinité de laquelle émane
la souveraineté. Les plus grands princes
recherchaient dans le sacre la sanction et,
pour ainsi dire, le complément de leur
droit. Le premier de ces souverains dans
les idées anciennes, l'empereur allemand,
devait être sacré par les mains mêmes du
pape. Il était censé tenir de lui son caractère auguste, et n'être véritablement empereur que par le sacre. Ce droit public est
tel qu'il n'en a jamais existé de plus général, de plus incontestablement reconnu.
Les peuples qui voyaient excommunier un
roi se disaient : « Il faut que cette puissance soit bien haute, bien sublime, bien
au-dessus de tout jugement humain, puisqu'elle ne peut être contrôlée que par le
vicaire de Jésus-Christ. »

En réfléchissant sur cet objet, nous sommes sujets à une grande illusion. Trompés par les criailleries philosophiques, nous croyons que les Papes passaient leur temps à déposer les rois ; et parce que ces faits se touchent dans les brochures in-12 que nous lisons, nous croyons qu'ils se sont touchés de même dans la durée. Combien compte-t-on de souverains héréditaires effectivement déposés par les Papes ? Tout se réduisait à des menaces et à des transactions. Quant aux princes électifs, c'étaient des créatures humaines qu'on pouvait bien défaire, puisqu'on les avait faites ; et, cependant, tout se réduit encore à deux ou trois princes forcenés, qui, pour le bonheur du genre humain, trouvèrent un frein (faible même et très insuffisant) dans la puissance spirituelle des papes. Au reste, tout se passait à l'ordinaire dans le monde politique. Chaque roi était tranquille chez lui de la part de l'Eglise ; les Papes ne pensaient point à se mêler de leur administration ; et jusqu'à ce qu'il prît aux rois fantaisie de dépouiller le sacerdoce, de renvoyer leurs femmes ou d'en avoir deux à la fois, ils n'avaient rien à craindre de ce côté.

A cette solide théorie, l'expérience vient ajouter sa démonstration. Quel a été le résultat de ces grandes secousses dont on a fait tant de bruit ? L'origine divine de la souveraineté, ce dogme conservateur des Etats, se trouva universellement établi en Europe. Il forma en quelque sorte notre

droit public, et domina dans toutes nos
écoles jusqu'à la funeste scission du xvi°
siècle.

L'expérience se trouve donc parfaitement
d'accord avec le raisonnement. Les excom-
munications des Papes n'ont fait aucun
tort à la souveraineté dans l'esprit des
peuples ; au contraire, en la réprimant sur
certains points, en la rendant moins féroce
et moins écrasante, en l'effrayant pour son
propre bien qu'elle ignorait, ils l'ont rendue plus vénérable ; ils ont fait disparaître
de son front l'antique caractère de la bête,
pour y substituer celui de la régénération ;
ils l'ont rendue sainte pour la rendre inviolable ; nouvelle et grande preuve, entre
mille, que le pouvoir pontifical a toujours
été un pouvoir conservateur. Tout le
monde, je crois, peut s'en convaincre ; mais
c'est un devoir particulier pour tout enfant
de l'Eglise, de reconnaître que l'Esprit divin qui l'anime *et magno se corpore miscet* (1)
ne saurait enfanter rien de mal en résultat,
malgré le mélange humain qui se fait trop
et trop souvent apercevoir au milieu des
tempêtes politiques.

VI

Il n'y a pas en Europe de souveraineté
plus justifiable, s'il est permis de s'exprimer ainsi, que celle des Souverains Pontifes. Elle est comme la loi divine, justifi-

_____
(1) Virgile, Æn. IV, 727.

cala in semetipsa (1). Mais ce qu'il y a de véritablement étonnant, c'est de voir les Papes devenir souverains sans s'en apercevoir, et même, à parler exactement, malgré eux. Une loi invisible élevait le siège de Rome, et l'on peut dire que le Chef de l'Église unique naquit souverain. De l'échafaud des martyrs, il monta sur un trône qu'on n'apercevait pas d'abord, mais qui se consolidait insensiblement comme toutes les grandes choses, et qui s'annonçait dès son premier âge par je ne sais quelle atmosphère de grandeur qui l'environnait, sans aucune cause humaine assignable. Le Pontife romain avait besoin des richesses, et les richesses affluaient ; il avait besoin d'éclat, et je ne sais quelle splendeur extraordinaire partait du trône de saint Pierre, au point que déjà dans le IV° siècle, l'un des plus grands seigneurs de Rome, préfet de la ville, disait en se jouant, au rapport de saint Jérôme : « Promettez-moi de me faire évêque de Rome, et tout de suite je me ferai chrétien. » Celui qui parlerait ici d'avidité religieuse, d'avarice, d'influence sacerdotale prouverait qu'il est au niveau de son siècle, mais tout à fait au-dessous du sujet.

Comment peut-on concevoir une souveraineté sans richesses ? Ces deux idées sont une contradiction manifeste. Les richesses de l'Église romaine étant donc le signe de sa dignité et l'instrument néces-

_____
(1) Ps. xviii, 10.

saire de son action légitime, elles furent
l'œuvre de la Providence qui les marqua
dès l'origine du sceau de la légitimité. On
les voit, et l'on ne sait d'où elles viennent:
on les voit, et personne ne se plaint. C'est
le respect, c'est l'amour, c'est la piété, c'est
la foi qui les ont accumulées. De là ces
vastes patrimoines qui ont tant exercé la
plume des savants. Saint Grégoire, à la fin
du vi⁰ siècle, en possédait vingt-trois en
Italie, et dans les îles de la Méditerranée,
en Illyrie, en Dalmatie, en Allemagne et
dans les Gaules. La juridiction des Papes
sur ces patrimoines porte un caractère
singulier qu'on ne saisit pas aisément à
travers les ténèbres de cette histoire, mais
qui s'élève néanmoins visiblement au-dessus de la simple propriété. On voit les
Papes envoyer des officiers, donner des ordres et se faire obéir au loin, sans qu'il
soit possible de donner un nom à cette suprématie dont en effet la Providence n'a-
vait point encore prononcé le nom.

Dans Rome, encore païenne, le Pontife
romain gênait déjà les Césars. Il n'était que
leur sujet; ils avaient tout pouvoir contre
lui, il n'en avait pas le moindre contre eux:
cependant ils ne pouvaient tenir à côté de
lui.

On lisait sur son front le caractère « d'un
sacerdoce si éminent, que l'empereur, qui
portait parmi ses titres celui de Souverain Pontife, le souffrait dans Rome avec
plus d'impatience qu'il ne souffrait dans
les armées un César qui lui disputait l'em-

pire (1). » Une main cachée les chassait de la ville éternelle pour la donner au chef de l'Eglise éternelle. Peut-être que, dans l'esprit de Constantin, un commencement de foi et de respect se mêla à la gêne dont je parle; mais je ne doute pas un instant que ce sentiment n'ait influé sur la détermination qu'il prit de transporter le siège de l'empire, beaucoup plus que tous les motifs politiques qu'on lui prête : ainsi s'accomplissait le décret du Très-Haut (2). La même enceinte ne pouvait renfermer l'empereur et le Pontife. Constantin céda Rome au Pape. La conscience du genre humain, qui est infaillible, ne l'entendit pas autrement, et de là naquit la fable de la donation, qui est très vraie. L'antiquité, qui aime assez voir et toucher tout, fit bientôt de l'abandon (qu'elle n'aurait pas même su nommer) une donation dans les formes. Elle la vit écrite sur le parchemin et déposée sur l'autel de saint Pierre. Les modernes crient à la fausseté, et c'est l'innocence même qui racontait ainsi ses pensées (3). Il n'y a donc rien de si vrai que la donation de Constantin. De ce moment on sent que les empereurs ne sont pas chez

(1) Bossuet, *Lettre pastor.*, *sur la communion pascale.*

(2) *Iliade.* I, 5.

(3) Ne voyait-elle pas aussi un ange qui effrayait Attila devant saint Léon ? Nous n'y voyons, nous autres modernes, que l'ascendant du Pontife; mais comment peindre un ascendant? Sans la langue pittoresque des hommes du ve siècle c'en

eux à Rome. Ils ressemblent à des étrangers qui, de temps en temps, viennent y loger avec permission. Mais voici qui est plus étonnant encore. Odoacre avec ses Hérules vient mettre fin à l'empire d'Occident, en 475 ; bientôt après les Hérules disparaissaient devant les Goths, et ceux-ci à leur tour cèdent la place aux Lombards, qui s'emparent du royaume d'Italie. Quelle force, pendant plus de trois siècles, empêchait tous les princes de fixer d'une manière stable leur trône à Rome ? Quel bras les repoussait à Milan, à Pavie, à Ravenne, etc. ? C'était la donation qui agissait sans cesse, et qui partait de trop haut pour n'être pas exécutée.

C'est un point qui ne saurait être contesté, que les Papes ne cessèrent de travailler pour maintenir aux empereurs grecs ce qui leur restait de l'Italie contre les Goths, les Hérules et les Lombards. Ils ne négligeaient rien pour inspirer le courage aux exarques et la fidélité aux peuples ; ils conjuraient sans cesse les empereurs grecs de venir au secours de l'Italie ; mais que pouvait-on obtenir de ces misérables princes ? Non seulement ils ne pouvaient rien faire pour l'Italie, mais ils la trahissaient systématiquement, parce qu'ayant des traités avec les barbares qui les menaçaient

était fait d'un chef-d'œuvre de Raphaël ; au reste, nous sommes tous d'accord sur le prodige. Un ascendant qui arrête Attila est bien aussi surnaturel qu'un ange ; et qui sait même si ce sont deux choses ?

du côté de Constantinople, ils n'osaient pas les inquiéter en Italie.

L'état de ces belles contrées ne peut se décrire et fait encore pitié dans l'histoire. Désolée par les barbares, abandonnée par ses souverains, l'Italie ne savait plus à qui elle appartenait, et ses peuples étaient réduits au désespoir. Au milieu de ces grandes calamités, les Papes étaient le refuge unique des malheureux ; sans le vouloir et par la force seule des circonstances, les Papes étaient substitués à l'empereur, et tous les yeux se tournaient de leur côté Italiens, Hérules, Lombards, Français, tous étaient d'accord sur ce point. Saint Grégoire disait déjà de son temps : « Quiconque arrive à la place que j'occupe est accablé par les affaires, au point de douter souvent s'il est prince ou pontife. »

En plusieurs endroits de ses lettres, on le voit faire le rôle d'un administrateur souverain. Il envoie, par exemple, un gouverneur à Nepi, avec injonction au peuple de lui obéir comme au Souverain-Pontife lui-même ; ailleurs il dépêche un tribun à Naples, chargé de la garde de cette grande ville. On pourrait citer un grand nombre d'exemples pareils. De tous côtés on s'adressait au Pape ; toutes les affaires lui étaient portées ; insensiblement enfin, et sans savoir comment, il était devenu en Italie, par rapport à l'empereur grec, ce que le maire du palais était en France à l'égard du roi titulaire.

Et cependant les idées d'usurpation

étaient si étrangères aux Papes, qu'une année seulement avant l'arrivée de Pépin en Italie, Etienne II conjurait encore le plus méprisable de ces princes (Léon l'Isaurien) de prêter l'oreille aux remontrances qu'il n'avait cessé de lui adresser pour l'engager à venir au secours de l'Italie.

On est assez communément porté à **croire** que les Papes passèrent subitement de l'état particulier à celui de souverain, **et** qu'ils durent tout aux Carlovingiens. **Rien** cependant ne serait plus faux que **cette** idée. Avant ces fameuses donations qui honorèrent la France plus que le Saint-Siège, quoique peut-être elle n'en soit pas assez persuadée, les Papes étaient souverains de fait, et le titre seul leur manquait.

Grégoire II écrivait à l'empereur Léon : « L'Occident entier a les yeux tournés sur notre humilité ;... il nous regarde comme l'arbitre et le modérateur de la tranquillité publique... Si vous osiez en faire l'essai, vous le trouveriez prêt à se porter même où vous êtes pour y venger les injures de vos sujets d'Orient. »

Zacharie, qui occupa le siège **pontifical** de 741 à 752, envoie une ambassade à **Rachis**, roi des Lombards, et stipule avec lui une paix de vingt ans en vertu de laquelle toute l'Italie fut tranquille.

Grégoire II, en 726, envoie des **ambassadeurs** à Charles Martel et traite **avec lui** de prince à prince.

Lorsque le pape Etienne se rendit en

France, Pépin vint à sa rencontre avec toute sa famille et lui rendit les honneurs souverains ; les fils du roi se prosternèrent devant le Pontife. Quel évêque, quel patriarche de la chrétienté aurait osé prétendre à de telles distinctions ? En un mot, les Papes étaient maîtres absolus, souverains de fait, ou, pour s'exprimer exactement, souverains forcés, avant toutes les libéralités carlovingiennes ; et pendant ce temps même, ils ne cessaient encore, jusqu'à Constantin Copronyme, de dater leurs diplômes par les années des empereurs, les exhortant sans relâche à défendre l'Italie, à respecter l'opinion des peuples, à laisser les consciences en paix ; mais les empereurs n'écoutaient rien, et la dernière heure était arrivée. Les peuples d'Italie, poussés au désespoir, ne prirent conseil que d'eux-mêmes. Abandonnés par leurs maîtres, déchirés par les barbares, ils se choisirent des chefs et se donnèrent des lois. Les Papes, devenus ducs de Rome, et par le fait et par le droit, ne pouvant plus résister aux peuples qui se jetaient dans leurs bras, et ne sachant plus comment les défendre contre les barbares, tournèrent enfin les yeux sur les princes français.

VII

La souveraineté, de sa nature, ressemble au Nil ; elle cache sa tête. Celle des papes seule déroge à la loi universelle.

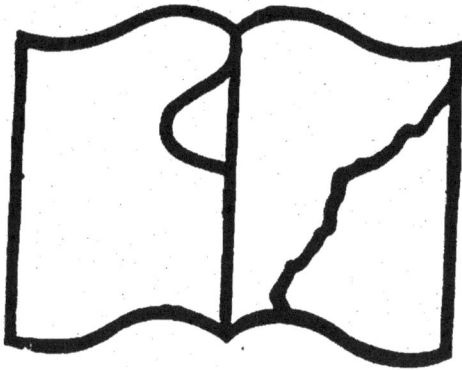

Texte détérioré — reliure défectueuse
NF Z 43-120-11

Tous les éléments en ont été mis à découvert, afin qu'elle soit visible à tous les yeux, *et vincat cum judicatur*. Il n'y a rien de si évidemment juste dans son origine que cette souveraineté extraordinaire. L'incapacité, la bassesse, la férocité des souverains qui la précédèrent ; l'insupportable tyrannie exercée sur les biens, les personnes et la conscience des peuples ; l'abandon formel de ces mêmes peuples livrés sans défense à d'impitoyables barbares ; le cri de l'Occident qui abdique l'ancien maître ; la nouvelle souveraineté qui s'élève, s'avance et se substitue à l'ancienne sans secousse, sans révolte, sans effusion de sang, poussée par une force cachée, inexplicable, invincible, et jurant foi et fidélité jusqu'au dernier instant à la faible et méprisable puissance qu'elle allait remplacer ; le droit de conquête enfin obtenu et solennellement cédé par l'un des plus grands hommes qui ait existé, par un homme si grand que la grandeur a pénétré son nom, et que la voix du genre humain l'a proclamé grandeur au lieu de grand : tels sont les titres des Papes, et l'histoire ne présente rien de semblable.

Cette souveraineté se distingue donc de toutes les autres dans son principe et dans sa formation. Elle s'en distingue encore d'une manière éminente, en ce qu'elle ne présente point dans sa durée, comme je l'observais plus haut, cette soif inextinguible d'accroissement territorial qui caractérise toutes les autres. En effet,

Documents manquants (pages, cahiers...)

www.ingramcontent.com/pod-product-compliance
Lightning Source LLC
Chambersburg PA
CBHW070408090426
42733CB00009B/1584